台股亂象不斷，如何洞穿投資客心眼；
交易黑幕頻傳，安全下莊才是贏家。

錢難賺
股票別亂買

胡睿涵 著

藉此書期許臺灣資本市場，越來越好！

　　股市是經濟的櫥窗，資本市場為服務資金需求者及資金供給者的平台，公司藉由資本市場獲得充沛的資金供應，成長茁壯，進而帶動了國民經濟發展。因此，資本市場健全發展與否，實為經濟永續發展之關鍵，市場的參與者，包含產官學各界，莫不全力促進資本市場得以帶動國民經濟之發展。本書作者睿涵長期在股市耕耘，每天接收最新最快之訊息，累積相當豐富知識，加上擔任主播多年，練就極佳的敏感度及論述能力，能夠將多年研究觀察心得不吝分享給投資人，並執筆寫成專書，實在是股市投資人之福。

　　坊間有關股市投資的書籍極多，要找一本言簡意賅、說明清晰、內容適切的書籍並不容易。本書最大特色為以獨特的主題切入，搭配細膩之觀察，並提出擲地有聲之見解，例如「獲利關鍵是『賣股』，有賺不賣非獲利！」、「不會選股票？那就買 ETF 吧！」，甚至含括未來十年全球四大商機及最具潛力的七大行業，另外每章節最後特別以「睿涵小叮嚀」提醒讀者注意重點，具畫龍點睛之功效。睿涵之寫作方式，就像其主持「錢線百分百」一樣，以簡單口語方式，講解艱難且重要的財經知識與讀者分享，全書前後一貫，條理分明，引例易懂，實為難得的佳作。

　　本人認識睿涵二十年，欣見其能依其實務經驗提筆完成此書並與投資人分享，今蒙其邀稿寫序，一方面對其寫書之用心深表肯定，另一面亦希望臺灣的資本市場藉由各位讀者先進的努力，越來越好。

華南金控董事長｜吳當傑

一本深入淺出的實戰手冊！

　　認識睿涵約莫二十年了。在電視螢光幕上永遠不變的專注，要求來賓的專業提問，笑臉迎人地站在投資人的立場，不斷地希望可以給投資人最好的資訊和建議。一樣認真的胡睿涵，一樣專業的胡睿涵，快二十年了！

　　收到睿涵這本書的樣稿，迫不及待地看完。從第一章對政府及市場的建議開始，第二章對賣股的觀點，第三章信用交易，第四章ETF，這些內容深入淺出的引導投資人認識市場，再輔以多年的實戰專業，看完之後，大呼過癮。投資人有了這本書，就像手上有了一本充滿實戰經驗的工具書，相信功力一定大幅增加。

　　最後一章關於 2016 年的現象紀錄及未來中國經濟發展和人民幣相關的產品，有深入的報導。末二節對於全球的四大商機及具潛力七大行業，則提供了她多年的觀察和建議。

　　股市是個試煉人心的戰場，恐懼和貪婪永遠是人性的弱點，是在市場上被不斷考驗的一場輪迴。建議投資人可以多多閱讀相關的書籍、研究報告及收看優質的分析節目。「stay foolish, stay hungry」（求知若飢，虛心若愚）這句話是蘋果創辦人賈伯斯（Steve Jobs）的經典名言，更是睿涵主播的生活態度，也是各位投資人的勝利寶典。

　　祝福大家！

國泰證券董事長｜朱士廷

思考適合自己的投資方式，勇敢邁向第一步！

我推薦胡睿涵！

她是國內少數能綜觀全球經濟，並客觀分析市場脈動的財經專業主播，具備多年觀察股市的閱歷，讓她有能力提出嶄新觀點，洞燭股市先機，帶領讀者邁向成功理財之路！

本書淺顯易懂又深富涵意，對多數非財經本科出身的民眾來說，就像是一本重要的股市入門工具書，值得購買並好好鑽研，理性思考後再進行投資。

第一章「台股生病了？！」講的是台股大環境及制度上的現況，容易影響股民投資的問題；第二章「獲利關鍵是『賣』股，有賺不賣非獲利！」則確實點出股民因為無法即時賣出，導致虧損更加嚴重的盲點，讀者可以透過本書的介紹，從而學習到『買入』與『賣出』的時機點，還能透過不同案例，瞭解價量背離、技術線型與籌碼面分析……等技術觀察；至於第三章「股市交易異常，藏在資券中」即可讓讀者補充必要的財經基本知識，瞭解投資專用的詞彙及細節；第四章「不會選股票？那就買 ETF 吧！」講的是近年來深受投資市場歡迎的「指數股票型證券投資信託基金」（Exchange Traded Funds，簡稱 ETF），分別提到適合的族群以及要注意的風險問題；最後第五章「揮別詭譎金融局勢，展望未來十年！」裡，作者提醒讀者中國未來對於台灣投資環境的影響力越來越大，也代表背後的投資風險隨之增加的問題。

此外，老人化、大數據、中產階級，以及無人車和虛擬實境成為

全球四大商機，也反映銀髮看護、雲端服務、物聯網、資料視覺化、電競播報、有機農產品、臨終規劃等將成為最具潛力的七大行業，可讓讀者短時間內瞭解台灣產業發展，思考適合自己的投資方式，勇敢邁向成功理財的第一步！

　　這是一本好書，爰樂於推薦與大家分享！

前金管會主委‧現任立法委員｜曾銘宗

想賺錢百分百，跟著睿涵就對了！

以前有個熱門廣告詞「認真的女人最美麗」，這句話套在胡睿涵身上，可說是百分之百貼切的形容詞。我認識睿涵多年，她的認真、拚勁，總讓我驚訝與佩服。

主持「錢線百分百」是一個非常耗神費力的工作，除了每天要掌握台股動向、還要想出有趣、突破的題材，增加節目可看性，在台灣電視節目充滿政治、八卦的氛圍中，要爭出傲人收視率，絕對不是一件簡單的事。更何況台股成交量持續萎縮，投資人意興闌珊，但睿涵每天仍充滿昂揚鬥志，一定要做出最好的節目。

光是做節目，就已經讓人耗盡心力了，但睿涵卻好像神力女超人，總有用不完的精力。她在超級忙碌工作之餘，竟然還去廈門大學念博士班，你可以想像，每週五錄完影後，她趕搭飛機去廈門，周末大家休息時，她在讀書，這是一幅怎樣的畫面。但更讓人驚訝的是，她不僅把博士班讀完、論文寫完，竟然還有時間寫出這本新書。我不禁要問問睿涵，請問妳何時休息睡覺！

睿涵主持「錢線百分百」節目，長達五年之久，她對台股興衰起伏感受最深，同時她對投資人更是愛護有加，總希望把困難的市場交易、結構、工具，說得讓每個人都看得懂、聽得懂。而今，她還更進一步延伸，把這些專業內容，轉化成這本淺顯易懂的書，投資人真的有福了。

讀完這本書，我對睿涵更加佩服。第一，台股近年成交量低迷，投資人遠離，究竟該如何診治？睿涵敢甘冒大不諱，直陳病症，真的

很有勇氣。這也顯示她「愛之深、責之切」的真性情。第二，看懂股市的遊戲規則。人們常說，散戶只能淪為被大戶宰殺的棋子，但睿涵把市場融資、融券、借券、籌碼等，法人大戶如何行動的軌跡，都說得清清楚楚，有助於投資人趨吉避凶。第三，掌握獲利機會。投資市場上「會買的是徒弟，會賣的才是師傅」，如何掌握好賣點、找到趨勢股，這些獲利行動法則，在書中詳細公開。第四，抓住未來趨勢。世界變化迅速，如何找到未來十年獲利方向，這是高難度挑戰，但書中直指四大趨勢，為投資人點出賺錢路。

精彩的內容，需要投資人自己細細品味，相信讀完本書之後，你也可以成為獲利百分百的投資人，這應該也是睿涵寫這本書的目的。

理財教母・財經專欄作家｜林奇芬

小小心願也能有大大貢獻！

「睿涵姐，感謝妳昨晚在節目中的操作教學，讓我終於知道要如何判斷進出點……」，這是我在自己粉絲頁中常收到的留言，其實電視媒體工作是一個非常高壓的環境，時間一久總會累，會疲乏。

但當我感覺累的時候，經常會想起十多年前，非凡電視台老闆黃崧董事長曾經跟我說過的一句話：「當一個財經節目獲得市場肯定，收視率也穩定後，那麼讓主持人、製作人繼續拼鬥下去的理由是……？」當時傻傻的我，根本回答不出來，滿臉疑惑！「就是造福電視機前的每一位收看節目的觀眾！」真的，每一次當我感覺疲憊的時候，我就想到老闆的這句話，如果觀眾投資人因為看了我的節目而獲利賺錢或少賠一點錢，那就算是幫助造福他們了，「助人為快樂之本」這句話從小聽到大，至今感觸最深。

有了這樣的媒體社會責任感後，也讓我在非凡近二十年的歷程中，每一次製作節目的同時都充滿鬥志，即使偶爾疲憊也可以用最短時間讓自己再恢復戰力，也就是這樣的理念，讓我得以在「錢線百分百」節目中請專家帶點「操作教學」，因為我認為，於節目中推薦再多的標的物，都遠不如傳授投資人「釣魚技巧」，只要弄懂了釣魚技巧，想釣什麼魚？是吃下肚，還是放掉？全都取決於自己，這樣投資人買股賺賠才會有成就感，不致抱怨「聽啥名牌害了他……」，這是我製作節目的最大宗旨，希望幫助觀眾投資人在投資市場中減少受傷，學會保護自己，如果可以這樣，這將是身為主持人的我最開心也最滿足的成就感了。

也就是因為有了這種想法，睿涵才會在隔了四年後，答應時報出版的邀請，出版自己的第四本書，而在節目中經常出現的教學項目，我也將透過這本書進行彙整，本書依序共有台股生病了、獲利關鍵是「賣」點非買點（價量背離下的買賣點研判、技術線型的買賣點研判……）、股市交易出現異常怎判斷、不會選股就買ETF、揮別2016展望國際大未來等五大章節。

　　睿涵這本書和坊間絕大多數的財經書籍不一樣，我不標榜讓您小錢可以獲利數百倍、永遠不虧錢、投資一定獲利、買股絕對賺……因為我知道這些都是不可能做到的事，所以我對自己這本新書的願望很簡單～～～我希望這本書可以讓讀者、觀眾、「錢線百分百」的粉絲們，以及一路愛護睿涵的每一位朋友們，人人都可以靠自己學會的財經專業判斷，讓自己在投資旅途上更加順利並且減少受傷機率，如果這本書真的可以幫助到大家，我的小小願望就可以實現，睿涵也將秉持「幫助、造福大家」的理念繼續為各位打拚下去！

　　我們一起加油！

胡睿涵

CHAPTER 2 獲利關鍵是「賣」股，有賺不賣非獲利！

目錄 · CONTENTS

CHAPTER

5

揮別詭譎金融局勢，展望未來十年！

台股生病了？！

話說「台股生病了」而且病的不輕，您看出來了嗎？且容我說個數字給大家聽聽就有感覺了。

2008 年，台股指數從最低點 3955 開始漲，直到 2012 年這四年間，最高點可見到 9220，單純就集中市場來看，平均日均量 1,200 億元，行情熱的時候可以衝到 1,500 億元以上，冷的時候至少也有 1,000 億水準。但是接下來四年（2013～2016 年），台股指數最高衝到 10014 點，但日均量卻只能維持在 800～900 億元上下，行情冷的時候更縮到只有 600～700 億元，即使見到萬點也只有 1,000 億元多而已。

也許大家會納悶，後四年既然有衝到萬點的行情，為何成交量會比前四年的 9000 多點少？登登……答案公布，就是「因為投資人輸到沒錢了」。沒錯，投資人投資股票虧損，本就應該自己承擔一些責任，但我認為，主管機關要負的「責」卻更重，若無九成也至少有八成，我不是要替投資人推卸責任，而是真的生氣為股民打抱不平，接下就聽我把理由逐一說清楚、講明白。

大量的 IPO，
讓投資人容易踩地雷！

根據證交所日前發布的新聞稿「……證交所自 2008 年 3 月推動外國企業來台上市以來，以循序漸進的推動方針，成功吸引企業第一上市、企業申報第一上市輔導、企業 TDR 第二上市……初期，以對台灣市場高度熟悉，卻受政策侷限影響赴海外發展之台商為第一階段目標……第二階段則以赴星、港發展華商為推動目標，希望華商在目睹台商成功來台上市的影響下，能選擇同語文的臺灣資本市場……第三階段則致力於推動紅籌企業、日、美企業及中國企業來台上市……吸引國際級企業來台上市為目標，推動台灣成為國際企業籌資平台……」我們由此可以明白，交易所吸引很多企業來台灣上市櫃是為了「台股國際化」，但 2008 年至今八年的時間，您可曾見到台灣股市國際化？還是台股越來越「弱化」？讓台股投資人慘賠淪為現在的法人盤（意指散戶放棄，只有法人玩的市場）每年大量的 IPO 絕對是逼退投資人的一大關鍵因素，也是讓散戶退出市場不玩的重要理由。

IPO 是什麼？

首先，我們得了解什麼是 IPO ？就是公開發行股票（Initial Public Offerings，簡稱 IPO），一家公司透過證券交易所第一次公開向市場投資人發行股票，募集企業發展所需要資金的一個過程，大部分公開發

行股票透過投資銀行（國內多數是券商）承銷而進入台股市場，投資銀行（券商）再以折扣價（比發行價便宜的價格）向發行公司購買股票，然後用約定的價格售出，如果市場有大量投資者認購新股票，這時就需要用抽籤方式分配，故又稱為「抽新股」。一旦抽到新股，因為股價比較便宜，因此日後只需等待該公司掛牌後享受蜜月行情（長短不一、股價漲幅也沒絕對），到時後抽到該 IPO 新股的人就從市場上賣掉，從中賺取價差，這是國內很多投資人熱衷的抽新股操作方式，才會出現「抽中就賺」的說法。一旦企業首次公開上市完成後，這家公司就可以申請到證券交易所或櫃買中心掛牌交易，市場投資人就可以在黑板上（= 股票市場看板：電視牆）買賣，而非再抽籤。

歷年來台股 IPO 成長速度

從附件（表 1）中即可看出，從 2011 ～ 2016 年上市櫃 IPO 家數逐年都有成長，上市櫃公司股票因為 IPO 關係越來越多，統計至 2016 年 7 月上市櫃加總檔數 1604 家，足足比 2011 年的 1397 家多出 207 家企業掛牌交易，但細看集中市場成交量，2015 年卻比 2011 年少了 6 兆，市場交易量變少代表參與投資股票的人逐漸遞減，但股票檔數卻變多，這樣情況將引來兩大市場敗筆：

一是，市場成交總量越來越少，就算是好公司也不一樣有量，這就完全打壞企業想在台股市場的籌資計畫，籌不到錢，企業如何好好經營下去？

二是，好公司不炒股票就不容易吸引市場目光，相反地，經營績效欠佳的公司，本業不努力卻只想用炒股票來撈錢，放

消息做內線投資人就容易上鉤，最後的結果就是，壞公司內
線炒股趁股價高檔撈錢走人，散戶可憐套在最高價，散戶虧
錢對市場失望，離開股市台股更沒成交量，如此一來，台股
惡性循環就此開始……。

表 1　近六年台股 IPO 成長速度

年	2011	2012	2013	2014	2015	2016
上市 IPO 數	48	22	32	21	20	70
上櫃 IPO 數	51	42	29	33	34	
集中市場成交量（新台幣）	26.19 兆	20.33 兆	18.94 兆	21.89 兆	20.19 兆	

成交量 VS. 掛牌股數的矛盾

　　2014 年底，國內第一家來台灣上櫃的日本中古車交易最大電商平台 F*AS（Auto Server），2014/1/17 來台第一上櫃，掛牌價 120 元，2015 年股價腰斬到 55 元，成交量每天僅二～三張，F*AS 決定公開收購已發行股份，包含台灣證券市場的投資，收購價 88.7 元溢價約兩成，公司此舉就是下櫃。這件事也凸顯了台股第三個嚴重問題，正當主管機關向外找更多公司來台股掛牌的同時，看似台股國際化，事實卻是打亂市場秩序，因為投資台股的量越來越少，市場 IPO 公司卻越來越多，試問：這些全部都是好公司嘛？財報是否透明？中國企業來台 IPO 財報可以實地查核？如果越多答案是未知，投資人買到地雷，中彈虧損的機率就大增，換言之，市場掛牌企業「重質不重量」，好公司努力經營有獲利，市場認同股價漲，本益比不委屈，投資人只要有獲利，自

然有信心繼續加碼，這才是帶動台股最有利的良性循環。

 睿涵小叮嚀
IPO 企業一定要重質不重量！

只守不攻，
政府護盤方式錯誤。

　　「台灣企業獲利不差，經濟會慢慢轉好，台股沒有像外界說的那麼差，大家要有信心，政府也會進行護盤……」這些話大家有沒有覺得經常聽到，2015 和 2016 這兩年，全球經濟成長緩慢導致世界股市偶爾出現劇烈震盪，台股更在外在環境差，內在信心匱乏下出現無量下跌，好一段時間集中市場成交量只有 500 ～ 600 億的不尋常低量。而更令市場震驚的是，2016 年 1 月台灣總統大選，結果出現民進黨完全執政的局面，因為 1 月選完要等到 520 才會交接，舊政府和新政府過度期長達近半年，啥事都不能做，網友甚至戲稱「半年無政府狀態」，筆者曾在節目中建議，新總統 520 就職時間應該往前移，不要讓政府空擺半年無作為，經濟也在這半年空轉。這半年空窗期要護盤？國民黨原本的護盤團隊，以外資可能擔憂台灣政黨輪替導致兩岸關係生變的情況下，股市甚至開始出現撤資動作，所以決定「國安基金仍會全面戒備，面對政局變化時護盤不會出現『空窗期』了？」

　　只是哪個國家沒選舉？國家面臨選舉只要出現政黨輪替就護盤，像話？放眼全球有哪個國家遇到總統大選，選後出現政黨輪替，政府就跳出來護盤？政府千萬不可以把護盤當常態，而且將「護盤」兩字常掛在嘴邊，這樣做法是犯了幾大錯誤甚至會讓台股越走越差，到底原本認為應該讓大家信心為之一振的政府護盤，為何會變成傷害台股的這隻黑手？且聽我細說分明。

護盤資金分二種：國安基金 VS. 四大基金

國安基金的前身就是股市穩定基金！

1996 年前，政府雖然有利用資金進場護盤，但所利用的方式都是邀集銀行團進場護盤，銀行團屬於個別公司，每家都背負著盈餘壓力，所以護盤金額及力道不會太大，直到民國 1995 年底，中共對台發射飛彈發生台海危機，政府這才成立股市穩定小組，這個並非常設的機制，統合了郵政儲金、勞退、公務員退輔基金、簡易壽險基金、壽險業、產險業、公民營銀行等八個單位，集資 2,000 億成立股市穩定基金，目的就是穩定股價。

國安基金隸屬行政院，下轄一個國安基金管理委員會共十三人，行政院副院長任主任委員，財政、交通、銓敘三部部長與央行總裁、勞委會主委、行政院主計長為當然委員，國安基金管理委員會會先開會決定是否進場？然後授權國安基金執行秘書（財政部次長）進行操作，每次授權期限從 2000 年 3 月以來，都是為期「兩週」；而且為了防止市場對作，2000/10/16 之後開始不再透露授權期限。以上幾點實在太重要，反觀現在政府護盤策略實在犯了太多錯誤，錯誤內容？細節？睿涵後面章節中會詳述！

另外，四大基金又是什麼？跟一般基金有何不同？跟國安基金差在哪？政府四大基金包括：公務人員退撫基金、郵儲基金、勞保基金、勞退基金，簡稱退撫、勞退、勞保及郵儲等基金；至於勞退基金及退撫基金屬於信託基金；勞保基金附屬於勞工保險局（營業基金），為資產性基金；郵儲基金資金來源為一般民眾存款及壽險準備金是郵政總局（營業基金）所屬的郵政儲金匯業局的營運資金。

四大基金擁有龐大金額，它們的營運績效直接影響民眾福祉與國庫支出，原則上，國家安定基金是不會隨便動用的。而四大基金的投

資，包括股市操作等是由他們自己去評估，四大基金中有些是委外代操，代為操作的投信投顧業者認為可以進場時就會進場。經常耳聞四大基金操盤人說：「尊重市場機能，只要有好的標的，具備投資價值，基金當然可以進場；但如果只是純粹為護盤，那就沒有進場的必要性。」換句話說，台股若真的出現不理性崩跌，有義務也絕對會進場護盤買股票的是「國安基金」而非「四大基金」。

政府護盤，步調大亂？

據《國家金融安定基金設置及管理條例》規定，因為國內外重大事件、國際資金大幅移動，已經顯著影響到市場投資人信心，或者資本市場和其他金融市場有失序、損及國家安定時，委員會可決議動用國安基金，主要投資標的為台灣 50 成分股與大型權值股，像是之前 2004 總統大選前的 319 槍擊案、2008 美國次貸風暴、2012 歐債危機全球經濟景氣急凍等，國安基金都出現過護盤動作，姑且不論每次護盤後台股是否都能恢復信心，走穩步調？光看前面護盤的定義，就已讓政府無法自圓其說。台股在 2015/8/24 重挫，當時指數 7410 點，國安基金宣布進場護盤，直到 9 月底，大盤指數已漲到 8573 點，共計漲了 1163 點，但國安基金並沒有因為指數漲了便結束護盤，後續 2015 年 10 月中例會及 2016 年 1 月中，兩次會議中，更以擔心總統大選變數和新總統新政府 520 還未就職為由，繼續護盤到 2016/5/20，這期間，台股即使兩度攻上近 8900 點，政府對外說法仍是「繼續護盤」，此舉不禁讓人產生諸多疑點？

(1) 以上護盤理由是否符合「**國內外重大事件、資本市場和其他金融市場有失序、損及國家安定**」原則？若無，那麼政

府出手護盤用意及目的何在？

(2) 記得前述內容「每次授權國安基金的期限從 2000 年 3 月以來，都是為期「兩週」，請問這次，國際間沒啥大利空，**台灣政府為何持續護盤長達九個月（2015 年 8 月～2016 年 5 月）**？一年十二個月，政府護盤時間便長達 3/4，這樣的紀錄應該也是全球股市罕見的吧？難怪投資人會罵「台股就給政府和外資玩就好了，散戶不要進場湊熱鬧，因為這場賭局莊家和賭客早就談好條件，散戶進去只是找死⋯⋯。」

(3) **國際間沒有重大黑天鵝，政府卻拼命砸錢護盤，待日後若真有黑天鵝飛出，護盤資金從哪來？**前文中我們了解到，國安基金（政府股市穩定小組）的資金來源是郵政儲金、勞退、公務員退輔基金、簡易壽險基金、壽險業、產險業、公民營銀行等 8 個單位集資 2,000 億成立的，這可都是納稅義務人的錢，政府若是亂護盤、亂投資，一旦虧損要算誰的？

(4) 更誇張的是，2000 年時明明就有規定「**為了防止市場（股票）對作，2000/10/16 後便開始不再透露授權期限**」那請問，為何 2015～2016 連續兩年，政府可以不斷對外說「要護盤」，包括「護盤進場點、護盤時間到何時、甚至護盤標的都會偶爾透露」，上述內容甚至都已喊到全市場聽爛了，外資又怎會不知道？

所以外資當然會進場吃政府護盤的豆腐，順序則是：政府先低吃貨，當指數有點起色時，外資開始進場參與，雙方一起將指數拱到一個高位階，到時後進入第二階段、政府基金和外資左手換右手，右手

換左手戲碼，也許這時後看量有點出來，但卻只是假象，最糟的是第三階段、散戶常常會在這個過程中跳下去，也就是台股漲升末端再進場追買股票，剛好就被套在政府和外資互丟籌碼的高檔區，從此住進套房，請問，投資人因為政府「人為干預下的行情」而出現嚴重虧損，這筆帳要找誰討？

散戶也開始學聰明了

上述說到外資進場吃政府護盤的豆腐，最後害散戶套在高點的情況，2015 年和 2016 年就有兩次血淋淋的例子。

第一次是 2015 年 8 月，台股見到 7203 低點，當時政府先買（八大官股行庫進出觀察）隨後外資跟進，外資先小買然後轉大買，因為買盤來自政府和外資，力道夠強，所以指數在 2015 年 11 月攻上 8871 高點，大漲 1600 多點。在這過程中細看融資，多數追在 8600 點之上，結果？指數從 8600 後，政府買盤漸漸縮手，即使外資還在買，待站上 8800 點後，外資便開始轉賣，在政府沒有出現明顯承接動作下，集中市場開始一路跌到 2016 年 1 月的 7627 點，散戶明顯被套在 86 ～ 8800 頭部，試問情何以堪？

第二次是 2016 年 1 月的低點 7627 點，手法一樣，當時政府先買（八大官股行庫進出觀察），隨後外資跟進，外資先小買再大買，因為買盤力道強，所以指數在 2016 年 3 月再度攻上 8840 高點，指數大漲 1200 多點。但過程中再次細看融資，情況不一樣了！因為散戶變聰明了，8600 點之上散戶有進場沒錯，但卻是進二退一，也就是說，進場追價一～二天，有賺就跑，而且這次大漲千點，融資進場顯得謹慎，或許是被騙怕了？當然，不用懷疑，2016 年 3 月站上 8800 點後，外資和政府的買盤馬上縮手，這不就是外資佔政府便宜的最佳證據！？

# 政府該如何正確護盤？

說到這裡，讀者也許會想問睿涵：「那麼政府到底應該如何正確護盤，才能讓市場信心真正回籠？也不會引誘散戶套在高檔？更不讓外資吃政府護盤的豆腐？」

首先，長官不要多說話影響行情，護盤是「只能做，不能說」的公開秘密！以前做得到，為何現在通通忘了？（還是故意的？）如果真的克制不了自己，那就請用「暗示」的方式表達而非明白講出答案，只要市場抓不到政府想法，揣測方向模糊，這樣市場上就會有了「多、空」想像，回想 2015 年，官員不斷放出「國安基金會護盤到 2016 年 1 月（總統選舉）……護到 2016 新總統就職 520……（政府交接空窗）」的說法，但當時的市場派就嚴重質疑可行性：國際有大利空？沒！為何要護盤？結果呢？政府努力護盤下的股價拉抬，多達 1200 ～ 1600 點的獲利空間，卻被外資完全賺走，而且聰明的外資還是以現貨（台股）每天狂買百億，2016 年 3 月尚未結束，股市中已經見到外資創下 2016 年來第七度買超超過百億元以上的紀錄；甚至還寫下連二十買的歷史第六長紀錄，期貨更出現超過 4.6 萬口以上淨多單，期現貨兩頭大賺的外資，真要好好感謝政府護盤點火的功效。相反地，國內市場投資人，有賺到錢嘛？不要跳進去套在頭部就好！這樣究竟是幸運，還是諷刺？

再者，前面兩次大漲千點是少數政府護盤有見到拉抬成效的範例，可惜多數政府護盤都是把盤給護死！言下之意是指，因為政府護盤是「低買高賣」（和外資對作），這樣只是把盤給做死而非護盤，市場上流傳一句話，「不怕漲不怕跌就怕盤」，整理盤沒空間怎會有量，而沒量市場就掛了！所以護盤要「重質不重量」，也就是，當你決定要護盤的那一刻，就請「用力買上去」，當買出一個趨勢方向（2015 ～

2016 年，兩次上漲千點就是這樣模式護盤），然後縮手，市場買盤見到趨勢成形自然跟進，只是，這種成功護盤的模式只能說達成一半，因為政府愛說話的敗筆，總讓外資大賺錢，但內資、散戶卻沒法子嚐到甜頭，反而被政府害到「套在高點」！

 睿涵小叮嚀
政府護盤是「只能做，不能說」的秘密！

公司績效欠佳，
請下市！

基本上一家企業要掛牌 IPO 上市櫃，一定要先經過主管機關審查，換句話說，原本一家好公司，但掛牌時間長了之後可能懈怠不認真經營，或只想炒股票撈錢，不努力經營本業的結果就是造成公司經常性的虧損，成為一家經營欠佳的壞企業。

公司掛牌的條件

正所謂「冰凍三尺非一日之寒」，一家審查過關的掛盤公司，經營者可讓股票價值掉到個位數、毛利率逐年下滑甚至轉負、本業持續虧損、常用業外收入（賣土地、賣大樓、賣轉投資股票……）來彌補公司財務，請問這些企業的老闆們，您如何對得起買下這家公司股票的投資人？請問金管會、證交所、櫃買中心主管們，面對這種毫不長進的公司，您們難道無須在業績持續下滑的過程中示警？若任由這種爛公司持續在市場上交易買賣，投資人不就等於冒著隨時踩地雷的風險在投資？主管機關有盡到保護投資人的責任嗎？接下來，睿涵就先帶著大家，徹底了解一家企業 IPO 上市櫃的嚴格條件。

▌ 上市條件

企業申請上市時，必須已依《公司法》設立登記屆滿三年以上；實收資本額要達到新台幣 6 億元以上；最近一個會計年度決算沒有累積虧損者；記名股東人數在 1,000 人以上，其中持有股份 1,000 股至 50,000 股的股東人數不可以少於 500 人，而且其所持股份合計要占發行股份總額 20% 以上或滿 1,000 萬股（更完整詳細條件請查看證交所網站）。

▌ 上櫃條件

實收資本額在新台幣 5,000 萬元以上；最近一個會計年度決算無累積虧損者；持有股份 1,000 股至 50,000 股的記名股東人數不少於 300 人，而且其所持股份總額合計占發行股份總額 10% 以上或逾 500 萬股；要兩家以上證券商書面推薦；應在興櫃股票市場交易滿六個月以上（更完整詳細條件請查看櫃買中心網站）。

▌ 興櫃條件

一定要是公開發行公司；已經與證券商簽訂輔導契約；經過二家以上輔導推薦證券商書面推薦；募集發行之股票及債券應為全面無實體發行。

少數投資人很喜歡做興櫃股票，睿涵在這裡提醒大家注意幾點，興櫃因為量少，容易炒作，所以股價也就容易飆漲，櫃買中心曾提醒，興櫃股票最大特色就是「易上也易下」，可能上興櫃不到三個月，公司便選擇退出，到時後投資人手中的興櫃持股只剩下未上市盤商可以交易，風險大增。通常只要興櫃掛滿六個月以上，符合上市（櫃）的掛牌條件就可上市櫃，但目前在興櫃掛牌的公司中，台灣高鐵已經在興櫃市場六年多、台灣工銀則是五年多時間，到現在都還沒轉上市櫃，所以投資人千萬不要因為押寶興櫃，以為該公司半年後就可以轉

上市櫃，進而加碼，畢竟這時間表並非絕對靠譜。

再者，由於掛牌興櫃公司沒有營業利益、稅前純益等獲利能力的要求，也沒有資本額、設立年限、股東人數的規定，只要有二家以上輔導推薦證券商書面推薦就可以掛牌，如果只剩一家輔導推薦證券商，就會被暫停交易，沒有輔導推薦證券商則會終止交易。

讀者是否有發現到三者之間的異同點？

(1) 就企業規模（資本額）來說，上市大過上櫃，又大過興櫃。

(2) 以獲利能力（財報）而論，上市強過上櫃又贏過興櫃。

(3) 成交量部分看出，上市多外資法人和政府影子，但上櫃常見內資和主力業內大戶愛著墨標的，例如生技、太陽能類股等。

至於大股東持股規定，如果大家仔細看上市櫃 IPO 條件會發現，其實一家企業上市櫃前，交易所有規定大股東持股比重，只是日子一久，這比例能夠繼續維持？答案是否定的！

大股東持股太低？不用管……

所以照常理判斷，能夠 IPO 的公司在掛牌前都是穩定獲利的，否則無法達到 IPO 規定，但如果公司掛牌後，業績持續衰退，這不禁讓人懷疑，IPO 前的帳目是做出來，只為掛牌後炒股撈錢？還是企業用籌資的假名，行詐騙大眾買股（騙錢）的事實？公司大老闆股票撈錢撈夠多了，本業也垮了，一家空殼公司卻還在市場交易，這會不會太離譜？更狠一點的話，還可以轉賣給別人「借殼上市」後再撈一筆，這樣的案例台股市場都曾發生過，試問金管會，這樣事情對投資大眾

而言公平嗎？這種壞公司，主管機關為何沒有注意到？金管會對上市櫃公司的本業經營狀況，到底有沒有追蹤與監督？若有，為何這樣情況會一再發生？若沒有，台股誰敢投資？因為處處都是地雷！

再者，一家企業上市櫃前，都有規定大股東持股比重，這是對的，因為大股東持股比例高，其實具有幾個重要含意：

(1) 代表大股東們對這家公司未來遠景有信心。

(2) 大老闆們為了讓公司越來越好，本業一定會努力經營。

(3) 公司有賺錢就可以穩定發股利給股東們，該公司「配息率高」市場就買單。

(4) 公司經營權穩定→本業獲利成長→股利大方發放→市場買單股價漲→企業籌資更多→公司擴產、擴廠、擴大研發讓公司更賺錢，形成好的良性循環。

現在憂心的是，上市櫃公司中不少呈現與（4）相反的惡性循環：大股東持股比例低→公司經營權不穩→老闆無心本業經營→沒賺錢就沒股利發放→市場不買單股價跌→企業籌資更難→公司業績逐年走下坡→股票變雞蛋水餃股→一堆投資人套在高檔→最終公司垮→投資人手上股票變壁紙！這樣結果大家都不樂見，但偏偏它卻持續發生中。

對此，我又想問金管會了，當一家上市櫃公司IPO後，時間一年一年過去，大老闆們在市場中逐年出脫股票，姑且不問「賣股理由為何？」如果董事長現今持股和當時IPO前持股落差高達20%，證交所不用追蹤理由嗎？如果真的發生上述情形，導致投資人買到地雷股且造成嚴重虧損，這個責任誰來承擔？先不要說投資人買股前要有自行承擔風險的意識，因為這是市場遊戲規則訂的不夠完善、所以才會造成這樣後果，我認為，主管機關也有很大的責任，絕不能置身事外。

如果一家上市公司的大股東持股比例降到連 5% 都沒有，然後被市場競爭對手「敵意併購」[*1]，請問被併的公司大股東們不該深切檢討嗎？對手能用白花花的銀子在市場中買下你公司的股票，甚至已經買到持股逾三成，日後還極有可能因持股過半（50%）而奪下經營權，這比例和被併公司董事長持股不到 5%，確實是天壤之別，試問被併的企業，如果企業主持股比例高，且強勢並握有經營權，對方能有機會奪下公司嗎？這層道理、相信再簡單不過了。

🐯🐂 注意股、警示股、處置股，又是啥？

「請問睿涵姐，為何會有注意股票？警示股票？注意什麼？警示什麼？」這是我的臉書粉絲頁中、股市初學者經常問我的問題，前面論述一些主管機關做的不夠、需要改進的地方，但也不是都做不好，畢竟大股東賣股賣到可能喪失經營權，或業績持續衰退，這些都是事後才會知道而且需要追蹤一段長時間的情況，但再怎麼說，「股價會說話」，這是再明白不過的道理了！舉例來說，某公司上季獲利由盈轉虧或是虧損擴大，在對市場公布財報之前，公司財務部和高層們一定先知道，如果當時股價在高檔（意指之前放假利多炒股），日後大家仔細去追籌碼時一定會發現，在該公司公布財報前，市場上已經出現大舉賣出股票的賣壓，甚至「融券大舉先增加」，也就是大股東準備在財報利空公布後，以空單大獲利，順利出場。

另外，大股東賣股也是一樣，經常出現股價高檔「主力庫存大減」情況，一檔股票從低到高炒個幾次，大股東每逢高點就賣，獲利偷偷送入大股東老闆私人口袋，散戶可憐住套房。其實在這樣過程中，個股「價」、「量」都會出現異常，有鑑於此，主管機關才會列出注意股、警示股、處置股，提醒市場投資人務必小心。

證交所每個交易日都會監視市場交易，只要察覺個股有「異常狀況」便會發布公告，並將該股列為「注意股票」，如果該股「異常狀況」*2、「異常天數」*3 達到一定程度，證交所就會將該股列為「處置股票」。

▎警示股

　　據交易所規範，持續六個交易日大漲或大跌的個股，或個股的交易週轉量過大都會被列入警示股。警示股通常為熱門股，這代表當時的股價反應較平常熱絡，警示股只是提醒投資人，股票仍可正常買賣。

▎注意股

　　該公司股價近期可能異常走勢（暴漲或暴跌）或連續異常爆大量，導致短期間買賣該股票風險加大，所以近期股價走勢若符合交易所訂定之警示標準，就會被列為注意股票。如果連續被列為注意股票，就會被處以分盤交易，讓市場對該股達到降溫效果。

▎處置股

　　某股票因交易異常，被台灣證交所發布為處置證券者，除了延長每盤撮合間隔時間為五或十分鐘外。另外委託量達「公布或通知注意交易資訊暨處置作業要點」第六條規定時，需要收足款券才可以接受委託。

▎管理股

　　公開發行公司在證交所終止上市或在櫃買中心終止上櫃之股票，得向櫃檯買賣中心申請列為「管理股票」，管理股票發生原因和以上三種不同，所以交易方式也不同，是比照全額採預收現款、現貨交割。

千萬別讓劣幣驅逐良幣

　　放眼台股市場，10元以下甚至幾毛錢的公司非常多，幾乎沒有交易量了，但為何還讓它留在市場？如果公司不努力經營、虧錢，股價只剩幾毛錢還可以留在台股籌資，請問經營階層會有所警惕嗎？如此一來，台股只會成為劣幣驅逐良幣的市場，如果台股充斥著過多爛股票，試問如何吸引外資進來？他們是否會質疑台股管理制度出現問題？美國、中國都有下市制度，台股呢？也就是說，下市制度確實應該被徹底拿出來檢討了。

　　股市是經濟景氣領先櫥窗，台灣經濟受到國外環境好或壞影響甚劇，台股要如何吸引外資、內資、散戶進來投資，活絡台股市場，值得深思。如何讓投資人持續獲利，是吸引台股人氣不二法門，獲利包括做多和做空，想讓台股成交量再回復以前日均量 1,000 ～ 1,300 億元的榮景，是需要主管機關努力思考策略的，投資人為何不賺錢？指數空間小，做多做空都沒利潤；買到地雷股，待投資人大虧後，放棄市場選擇離開；資訊傳遞不透明，總有人早知道，但偏偏投資人永遠是最後知道，然後套在最高點的一群；內線交易，投機炒作案例頻傳，讓投資人失望。一個資本市場如果管理制度越健全、企業財報越公開透明、資訊傳遞減少私下多手傳播、降低人為干預、內線炒作越少，我想這樣的市場不用妝扮自己，國內外的多空買盤都會不請自來。

睿涵小叮嚀
爛公司冰凍三尺非一日之寒，請下市！

＊ 1 「敵意併購」也稱作「惡意併購」，通常指併購方不顧目標公司意願，採取非協商購買的手段，在市場中用買股方式強行併購目標公司，或併購公司事先並不與目標公司進行協商，而突然直接向目標公司股東開出價格或收購條件。

＊ 2 「異常狀況」通常會出現以下幾種情況：

(1) 最近一段期間累積之收盤價漲跌百分比異常者。

(2) 最近一段期間起、迄二個營業日之收盤價漲跌百分比異常者。

(3) 最近一段期間累積之收盤價漲跌百分比異常，且其當日之成交量較最近一段期間之日平均成交量異常放大者。

(4) 最近一段期間累積之收盤價漲跌百分比異常，且其當日之週轉率過高者。

(5) 最近一段期間累積之收盤價漲跌百分比異常，且證券商當日受託買賣該有價證券之成交買進或賣出數量，占當日該有價證券總成交比率過高者。

(6) 當日及最近數日之日平均成交量較最近一段期間之日平均成交量明顯放大者。

(7) 最近一段期間之累積週轉率明顯過高者。

(8) 本益比、股價淨值比異常及當日週轉率過高，且符合較其所屬產業類別股價淨值比偏高、任一證券商當日成交買進或賣出金額占當日該有價證券總成交金額比率過高或任一投資人當日成交買進或賣出金額占當日該有價證券總成交金額比率過高等三種情形之一者。

(9) 最近一段期間之券資比明顯放大者。

(10) 其他交易情形異常經監視業務督導會報決議者。

＊ 3 被列為注意股票的天數達到以下三種：

(1) 連續五個營業日。

(2) 最近十個營業日內有六個營業日。

(3) 最近三十個營業日內有十二個營業。

NO.4 內線交易頻傳，如何改善？

　　「事情永遠有人比你早知道」，這是我常在節目中說的一句話，投資人聽了肯定心有戚戚焉。道理很簡單，一件事情絕對會扯到「人」，如果是重大決議，企業高層自然會先知道，如果這事情來自國際，外資法人消息絕對比散戶靈通，先知道利多的人就可以低檔先買股票，等待日後好消息公布，再把手上股票賣掉，大賺一筆；相反地，如果是利空，先知道的人就可以高檔先去融券空股票，等待日後壞消息公布，再把手上股票回補（買進），大賺一筆。

　　厲害吧！只要可以先知道，做多做空都可以大賺，不要以為獲利空間很小！

　　從我在節目中經常追蹤「異常股」的結果發現，因為早知道而先動作的人，獲利空間少則一成（意指一個漲跌停板）多則可以賺一倍以上，大家別忘了，現在把錢存在銀行年利率也才 1～2%，還有像日本、歐洲這種負利率國家，存錢可是沒利息的喔，所以如果有這樣好康，您認為外資不會湧入台灣鑽進台股狠狠海撈一筆？當然會，而且已經動作了，2016 年 3 月最明顯，只是外資是真心做多台股？還是圖利自己？後面會再詳述，現在先針對市場中「事情永遠有人早知道」來探討起，告訴大家如何察覺避免掉入陷阱。

🐻 🐂 事情永遠「有人早知道」

要說明「事情永遠有人早知道」這層道理，那得先了解事情是如何給大家知道的，不同人知道事情的時間順序不一樣，光一個「時間差」就可以賺一倍以上，請問誰不想賺？國內資訊傳遞永遠不對稱，才會造成散戶永遠套在高檔「住套房」。多數來說，一家公司的重要決策，肯定是「公司高層」先知道，然後再找「法人」朋友聊聊，談談公司未來展望，待法人一出研究報告，那些「法人圈的VIP」、「主力業內大戶」就會得到訊息，待消息擴散後，「媒體記者」才會取得消息開始撰述，經媒體發布後，透過網路新聞、報紙、電視媒體獲取消息的「散戶」就是得到訊息的最後一群，這時，可憐的散戶追高殺低，甚至待利空一公布，股價馬上跌停板，想賣都賣不掉，例如生技公司的解盲未過關就是如此。

筆者在此就舉例生技公司新藥的解盲*[1] 好了，何時會解盲公布答案？公司高層先知道日期，解盲之前快要有答案，負責雙盲檢驗的相關人等會知道，若解盲公布前，知道的人將消息洩漏出去，給公司高層？給外資法人？給……不管消息洩漏給誰，內線交易就可以正式展開，準備從市場大撈錢。開心嗎？當然，如果可在短時間大賺一筆，大家當然都很高興，不過君子愛財取之有道，更不要以為「早知道」之下的進場動作，一切都是神不知鬼不覺的。

錯！因為凡走過必留痕跡，只要進了市場，不論多空買賣，籌碼一經查證，清清楚楚，但要如何被查到，則是另一個重點。

🐻 🐂 凡走過，必留下痕跡

2016/2/24，浩鼎乳癌新藥OBI～822解盲沒過，連吞三根停板，

消息震撼市場，因為太多人賭它一定會解盲過關，當天下午浩鼎還公告要實施庫藏股，從 2/25 起兩個月內，但這個動作還是止不住浩鼎續跌走勢，浩鼎會跌到哪裡？為何會這樣結果？有人早知道從中獲利？市場上專家喜歡拿 2015 年基亞解盲沒過關和 2016 年浩鼎解盲沒過關來做對比，那麼既然要比，我就來比個徹底好了，讓投資人知道，原來有些炒股手法是一再被運用的老招，投資人一定要從中學到教訓才行。

我在這要補充的是，不是說浩鼎一定有內線交易，畢竟有？沒有？要靜待司法調查，只是同樣是生技股、同樣是當下市場最熱門的人氣股、同樣解盲沒過……實在有太多雷同的情景了！接下來就讓我把異常的雷同點，逐一列出：

解盲前必衝到歷史高價：浩鼎 2016/2/24 解盲，結果 2015 年底股價飆到 755 元歷史高價；基亞 2014/7/27 日解盲，6 月即漲至 486 元歷史高點。兩家公司新藥解盲都還沒過，每張股票要 48.6 萬和 75.5 萬！

解盲快要公布前再拉一波：浩鼎 2016/2/24 解盲，趁著快要公布答案前 2/19 再拉一波到 718 元；基亞 2014 年 7 月 27 日解盲，趁著快要公布答案前 6 月底和 7 月底（解盲公布前）再拉兩波到 478 元，這一次的拉抬是不是已經知道解盲不會過的人故意放假消息讓大家樂觀期待解盲會過的假像，好讓自己順利出貨？因為前面歷史高點，貨還沒出完，再拉第二波海撈第二票？大家可以思考看看（圖 1）！

首先，解盲前高點都出現「借券」增：不論是 2016 年的浩鼎或 2014 年的基亞，在解盲確定沒過關前，股價最高的兩波高點同樣都出現「借券」*2 大增，然後解盲沒過，馬上借券就沿路從市場賣出*3，大大海撈一票。請問，這些人早就知道解盲不會過？不然為何在解盲公布日期前要突然借那麼多股票出來？不是為了日後利空公布大賣借出來的股票獲利？種種疑惑值得思考。

再者，主力庫存也露出詭異：解盲前，浩鼎股價衝到 755 元，基

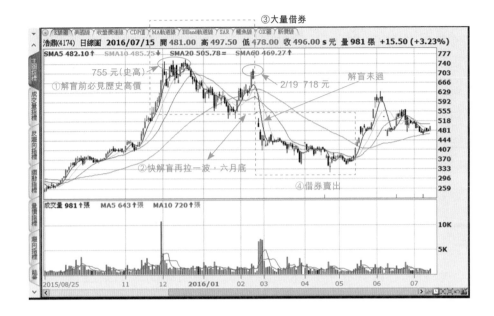

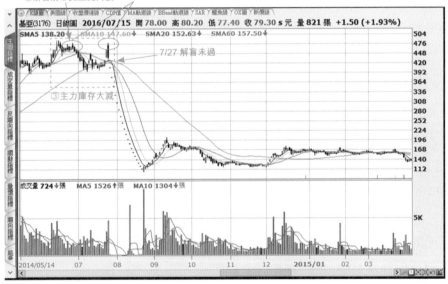

圖 1

亞衝到 486 元，就在股價飆到歷史最高價的時候，意外看到主力庫存大減，試問，如果認定解盲會過關，主力大戶幹嘛要先落跑？換言之，這又是一個「有人早知道」籌碼的最佳證據！？

生技股解盲究竟是美夢，還是噩夢？浩鼎解盲沒過關後，股價從歷史新高的 755 元跌到 2016 年 3 月的 400 元以下，跌幅逾 47%；基亞 2014 年 7 月解盲沒過，股價至 2016 年 5 月只剩 50.6 元，從歷史高價 486 元跌至目前，狂瀉幅度達 89%，基亞解盲未過，股價暴跌 20 支跌停板，好多投資人都中彈，最後跌到 50.6 元，市值從 674 億掉到 70 億元，投資人損失非常慘重。

寫到這兒我真的感觸良多，很想跟新政府說句話，正當蔡英文總統為了台灣未來經濟發展，力推生技產業的同時，千萬不要讓散戶「住套房」，因為經濟困境下，台灣老百姓口袋裡的每一分錢都是辛苦錢，千萬不要因為無心之過，造成「我不殺伯仁，伯仁卻因我而死」的遺憾！

 睿涵小叮嚀
股市凡走過必留痕跡，注意籌碼會說話……

註

* 1 藥物測試常用雙盲測試，病人被隨機編入對照組及實驗組，對照組～給安慰劑，實驗組～給真正藥物，病人、觀察病人的實驗員都不知誰得到真正藥物，這叫「雙盲」，日後研究實驗結束，公布答案進行分析，這叫「解盲」。

* 2 此為有價證券借貸行為，指「出借人」將有價證券出借給「借券人」，賺取借券費收益，借券人借券目的除放空外，也可從事避險、套利等策略性交易或為還券、履約之用。

* 3 指當日投資人將已借入之證券在證券市場賣出之數量。

戳破外資套利交易高招，誤導市場。

因為歐洲、日本陸續祭出負利率[*1]和擴大印鈔票 QE，全世界太多游資不知要往哪裡跑，寬鬆貨幣加上低利率政策，在本國（美國、歐洲、日本等先進國家、負利率國家）投資根本連 2% 都不一定賺得到，只好將錢往外投資，放眼一看這才發現，台股原來非常值得投資。

若說 2016 年第一季台股大漲千點以上，強勁多頭行情是外資一手推砌出來的榮景，這可是一點也不為過，也就是說，外資的進出買賣，更加值得仔細研究。

外資熱錢來的快，去的快

說到 2016 年 1 月之後的大漲千點以上（7600 ～ 8800）的繁榮行情確實令人措手不及，外資當然會拿當下台股和國際股市比較，台股本益比低只有十二倍左右（意指股價 /EPS：台股位階低）別國股市都十五～二十倍、企業業績好配息率高且股價沒漲到，讓股息殖利率（配股息 / 股價）也高，台股平均股息殖利率 3 ～ 4%，個股部分股息殖利率超過 6% 以上者更比比皆是，股息殖利率高，最受中長線穩定型投資人喜歡，不過提醒大家，股息殖利率會隨著股價上漲而降低（股息殖利率 = 配股息 / 股價，例如 5 元配息 /100 元股價＝ 5% 股息殖利率；5元配息 /500 元股價＝ 1% 股息殖利率）所以當股價大漲後股息殖利率

降低就不要追進，再次提醒大家！

　　若以 2016 年初的股息殖利率統計資料觀察：台股 3.8%、美股 2.1%、德股 2.8%、陸股 2.8%、日股 2.1%、韓股 1.3%，台股確實是國際股市中股息殖利率偏高的市場。

　　另外，2016 年 3 月開始，全球原物料出現歷史低點後的報復性反彈，包括油價，所以大量的油元基金 2015 年撤出後，見到 2016 台股的利基點也紛紛出現回補力道。但更重要的是我要提醒大家，水能載舟亦能覆舟，投資人都知道台股這次大漲不是因為台股經濟基本面轉好，而是國際熱錢簇擁下的結果，台股從 1 月中的 7627 點，一路大漲到 3 月中的 8826 點，共計漲超過 1200 點，新台幣也從 33.8 元快速強升到 32.3 元，短短兩個月，新台幣強升 1 塊半，實屬罕見迅速。就像央行彭淮南總裁說的：「小心！熱錢來的快也去的快」，當日後外資賣股票撤離台灣時，台股也將跌的令人措手不及，奉勸大家務必謹慎看待。

外資買超金額 VS. 指數漲點矛盾

　　說起 2016 年 3 月中旬，外資在台股的佈局與動作，令人震撼也讓我記憶猶新，因為情況實在太詭異，當時外資連續買超台股超過十六天，總金額超過 1,400 億元，更出現 2016 年以來，第一季還沒結束，外資買超金額便已七度超過百億元，看到外資買超金額數字，我相信當下應該沒有人會懷疑外資做多台股的決心，但是，接下來我若點破一件事，讀者肯定就會恍然大悟「也許外資並非真心做多？也許市場多數人是在出貨賣股」，散戶投資人別再傻傻追進，至少短線上會出現震盪增加操作困難度。

　　我要點破的就是，台股指數的漲點和外資買超金額的比較，以前外資大買賣金額 1 億，約等於台股集中市場漲跌 1 點，但現在有嗎？

就拿 3/11 ～ 3/18 這六天交易日做舉例，3/11 外資買 114.3 億，台股漲
45 點；3/14 外資買 91.6 億，台股漲 41 點；3/15 外資買 45 億，台股竟
然意外大跌 136 點；3/16 外資買 124.1 億，台股漲 87 點；3/17 外資買
141.9 億，台股漲 35 點；3/18 外資大買 174 億，台股漲 76 點，沒有一
天金額和漲點有配合上，見到以上數字厲害的投資人馬上腦海閃過幾
個疑惑：

(1) 外資大買超台股似乎已經出現買不動的現象？

(2) 外資大買股票請問誰的倒籌碼（股票）給他？

(3) 賣盤來自政府護盤基金？八大官股行庫這段期間的確是大
　　賣股票的；賣盤來自公司派？大股東？內資？賣壓來自國
　　內主力業內大戶？從主力習慣操作的族群：生技、太陽能
　　紛紛出現回檔，即可獲得佐證。

 睿涵小叮嚀
外資熱錢來的快，去的快，小心！台股怎麼上就怎麼下。

註 ——

* 1 日本、歐洲央行為了提振疲軟國家經濟，刻意將基準利率降至零或負利率，意味著不
論是國內銀行存至央行的錢沒有利息外，甚至連國人到銀行存錢也沒利息可賺，更扯
的是存款戶要付保管費給銀行，感謝這一整年幫你辛苦保管存款，目的就是要逼國內
所有的錢都流入市場滾動，帶動投資帶動經濟，不要存在銀行，結果？經濟不一定起
的來。至於「實質負利率」意指通貨膨脹率高過銀行存款率，物價指數 CPI 快速攀升
導致銀行存款利率實際為負值。負利率＝銀行利率－通貨膨脹率（CPI 指數）假設我
國銀行的定存年利率是 2%，而通貨膨脹率 CPI 是 3%，負利率就是實際收益率，是－
1%。代表錢存在銀行所賺的利息錢被物價上漲給吃掉，跟不上通膨速度。

獲利關鍵是「賣」股，有賺不賣非獲利！

平常因為工作忙，加上堅持孩子上學要帶便當吃的比較衛生，所以我習慣每周會到傳統市場來一趟大採買（傳統市場比較有人情味兒），每次逛市場或逛街都常被認出來，觀眾粉絲開口第一句話便是：「耶……妳是睿涵喔……好高興看到妳本人……妳也住這附近？」

而正當我要認真回答：「是啊！我就住在……」時，通常我話還沒到嘴邊，對方就急著追問：「最近行情妳怎麼看？」、「要買什麼股票？」、「鴻海到底會不會漲？」這時我心裡就會想：「原來看到我不是重點，問明牌才是重點，哈！」

當然，我還是會給一些族群方向或標的建議，但說到最後還是會落下一句話：「賺，算你的！賠，不要來找我，建議標的僅供參考。」

我會這樣做結語實在是因為，太多人只知道買點，卻「忽略」賣點比買點更重要，比如我建議一個好標的，對方低位階買了，然後賺三成後不肯賣，最後跌回原點，這難不成還要怪到我頭上？你還真以為市場上每位專家或坊間每本投資書都在教你「如何買股票嗎？」

錯！因為懂得如何「賣」股票，才是獲利關鍵。

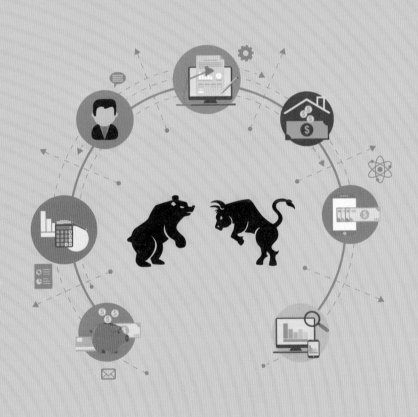

「賣」點永遠比買點更重要：
有資金，處處是買點。

當市場行情一好，多數股票都大漲後，我最常聽到市場投資人對外炫耀自己獲利的對話多半是……

A：「我的股票已經讓我賺到一台賓士，今天收盤後要好好吃一頓，犒賞自己。」

B：「賣掉？」

A：「開什麼玩笑，股票還會再漲，怎麼可以現在賣掉！」

不知道大家有聽出來其中藏了一個大矛盾？

一是，沒有賣掉持股何來獲利？

二是，沒有獲利，哪來賓士車？

最後總結是，沒有賓士車的事實，收盤後的犒賞自己反而是額外更多的支出，不是嗎？

而由此可以想像，雙方未來的對話情境肯定是……

B：「耶！你之前賺一台賓士的股票現在掉下來了，你股票出了沒？」

A：「別擔心，現在回檔是休息，未來還會再上去，你看新政府不是在推……利多？」

B：「是喔！」

　待一個禮拜過去後……

B：「糟糕，怎麼你的股票越跌越多，都沒有派上去耶，快脫
　手吧，現在賣還有賺四、五成！」

A：「算了，那時候賺一倍都沒賣，現在才賺這樣，就先留著
　吧！」

結果，時間一點一滴過去，A君原本大賺一倍的這檔股票回
到原來起漲點，所有曾經獲利的美夢，原來都只是黑板上的
想像，正所謂「入袋為安」，獲利沒入袋就什麼都不是。因此
我覺得，股市投資高手可以成為常勝軍，應該是「會賣股比
會買股更重要」，因為買股只要你有資金甚至追高點，都不是
問題，但賣點就不是，追高不賣就是套牢，獲利不賣就是黑
板富貴空歡喜一場。

少賠也是賺

延續上述案例，一個禮拜過去……

B：「糟糕，怎麼你的股票越跌越多，沒有派上去耶，快賣，
　現在賣還有賺四、五成」

這時A或許會說：「算了，那時候賺一倍都沒賣，現在才賺這
樣，就留著吧！」

但更多的時候是A會自我安慰：「哪有關係，我沒賣就沒賠
啊。」

A若這樣回應真是自我矛盾，前者獲利沒賣以為自己大賺趕緊去

大吃一頓犒賞自己，後者賠錢沒賣卻說自己一樣是一張股票沒虧錢，這應證市場投資心理，永遠往自己想「想」的方向去思考，偏偏這樣的觀念很容易導致錯誤投資判斷，才會最後多數人是虧錢收場，呼應人家常說：投資最難其實不是技術面、基本面、籌碼面⋯⋯而是「投資心理」，誰可以克服自己的心魔誰就是贏家。

舉大立光為例，去年 11 月初，大立光高點價格約 2,965 元，也就是 296.5 萬元／張，假設某位投資人買下大立光股票並追在最高點，日後見到大立光股價趨勢轉空，卻很堅持怎樣都不賣，當股價來到 2016 年 1 月最低點 1,790 元，賠掉超過 117.5 萬元時，投資人若能在大立光技術線型出現敗象時（2015 年 11 月中的 2,750 元）左右賣掉，投資人是賠 21.5 萬元（296.5 ～ 275 萬元）而不是大賠 117 萬，換言之，一定要建立「少賠就是賺」的觀念。

偏偏糟糕的是，多數人抱著 2,750 元（2015/11）的大立光不肯賣，反而選在 1,790 元（2016/1）的最低點脫手，從最低點爆大量就能看出端倪[*1]，但大量的意義是，另一半聰明人卻在大立光最低點狂吃股票，到 2016 年 3 月大立光漲到 2,840 元以上，低檔吃貨的人短短兩個月一個波段便大賺 105 萬元，兩個月報酬率 58%，這就是我要表達的，當一個投資人意識到「少賠就是賺」的觀念，他會在發現一檔標的趨勢轉空時，毫不猶豫換股或先出場，日後擇期再進場，他絕不會堅持不賣股讓自己持續虧錢，像前述買低點大立光的人，就涵蓋之前先出場日後再進場的聰明投資人。至於賣掉大立光選擇換其他股票的人，又該如何找尋下一個好標的？並且如何獲利？

🐻🐂 找對趨勢股，迅速換股

延續前述範例，投資人 2015 年 11 月中旬賣掉大立光（當時股價 2,750

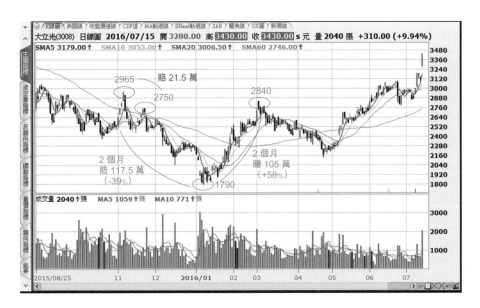

圖 1

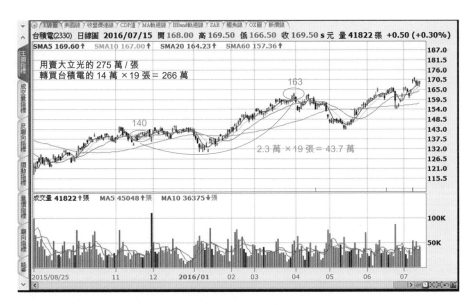

圖 2

元），即使大立光讓他賠掉 21.5 萬元（296.5 ～ 275 萬元）但換股卻可以讓他獲利，順利彌補這筆虧損（圖 1）。如何做到？首先，得確定找到趨勢轉向多頭的股票，例如同一時間（2015/11 ～ 2015/12），大立光雖然續跌，但台積電已經出現止跌（圖 2），甚至底部墊高的震盪走高趨勢，此刻（2015/11），用賣掉大立光的 275 萬元轉買台積電 140 元（14萬／張）19 張，等到 2016 年 3 月，台積電來到 163 元時再賣掉，一張台積電就讓你賺進 23,000 元（16.3 萬～ 14 萬元），19 張台積電共賺 43.7萬元，才短短四個月時間，只需這樣換股便能賺 43.7 萬，完全填補大立光虧損的 21.5 萬元。如果你堅持這四個月抱著大立光不賣，股價也只回到 2,840 元，距離當時追高點 2,965 元，投資人還是虧錢，我想說的結論就是，不要因為賠錢就不賣，要想辦法找到並捉住趨勢股，藉由換股操作，成功地將虧損賺回來。

睿涵小叮嚀
投資想獲利，掌握賣點比買點重要！

註
＊1　意指成交量是買賣雙方構成，有這麼多人賣（供給）就有這麼多人買（需求）。

NO.2 從「量」判斷賣點、買點。

　　成交量是買方（需求方）和賣方（供給方）所構成，是需要靠白花花的銀子做交易來完成，所以量的增減，代表投資人真正付諸行動買賣，市場才會觀察成交量變化，藉以做為台股後市強弱的領先指標，即所謂「量先價行」。例如某檔個股股價前高 100 元雖然還沒有衝過，現在價格只來到 95 元，但卻見到 95 元的當天成交量，大過 100 元當天的成交量，市場就會出現「量先價行」說法，認為未來該股 100 元價格突破不是問題。

　　其實，投資人在量價變動中，也可以把握其中不同增減變化，決定自身買賣時點，以下建議僅供各位參考。

▌下跌量增 VS. 量縮

　　如果股價下跌搭配量增，代表出貨的人很多，股票還有續跌的可能，投資人應該減碼持股；相反地，如果股價下跌搭配量縮，代表出貨的人變少（賣壓減輕），該檔個股就有即將止跌的機會，投資人可以開始準備等待買點、買訊浮現。

▌上漲量增 VS. 量縮

　　如果股價上漲搭配量增，代表進貨的人很多，就還有繼續漲的可能，投資人應該可以續抱或加碼；反之，如果股價上漲搭配量縮，代

表進貨的人變少（買盤遞減），該檔個股就有漲勢暫歇的可能，投資人可以開始準備減碼該檔標的，或暫時不買進。

▋ 台股作頭前兆

若從整個市場來看，當多頭行情持續上漲相當長的一段時間，然後爆出大量（約大過均量三成左右），但台股卻漲點越來越少上漲乏力，或在高價區盤整，無法再向上創高，那就顯示賣壓沉重，這代表雖然市場追買的人很多，但高檔倒貨給你的聰明人也很多，這就是台股將作頭下跌的前兆。

常聽到「頭部必伴隨大量，久盤必跌」，說的就是這個情況，這時候，投資人千萬不要再進去市場買股票，很容易被套在頭部，看看以前台股萬點 12682 點、10393 點時都是這種情況，正所謂「行情總在樂觀中結束」，就是這樣，說到股價做頭有幾種形式，圓頭、尖頭、M頭、頭肩（左肩、右肩）頂、三尊頭、複合頭；既然有頭就有脖子（頸部），所以市場常說的頸線位置就可以畫出來（圖1），市場專家常說「破頸線是個賣點」，其中頸線就如圖中所示，記住「當出現頭部，股價摜

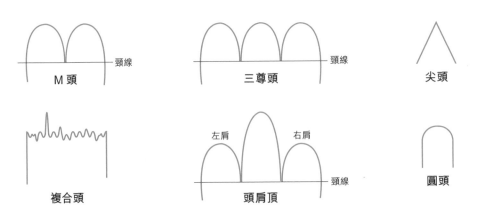

圖 1　頭、頸線→趨勢向下

破頸線，就是趨勢走弱股價向下的方向」。

台股打底訊號

　　相反地，當空頭行情持續下跌相當長一段時間，先是會出現凹洞量（意指成交量約只有往常均量的一半或更少），這代表沒信心的浮額全都出場，大家都不買股也不關心股市，然後精采好戲跟著來了，當指數不再破低點，數天後的未來某一天就會出現低檔爆出大量（約大過均量二成左右），隨後，台股跌幅越來越輕，下跌有撐，在低檔底部震盪築底，低點慢慢往上墊高，即是市場所說的「量少好拉抬」，當低點慢慢往上墊高後，隨後底型出來，量也逐漸放大，低檔聰明買盤越來越積極，表示台股下降趨勢已經開始逆轉，這時通常會有大戶或莊家逐漸進場吸納籌碼，這正是台股將作底完準備發動攻勢的前兆，所謂「底部必先見凹洞量」，說的就是這個情況。

　　投資人這時可以開始觀察、注意買點，低選購優質股介入，因為重挫下的反彈必定又急又快，投資人若敢在大家最悲觀的時候買進，往往就是獲利最大的贏家，正所謂「行情總在悲觀中誕生」，便是實

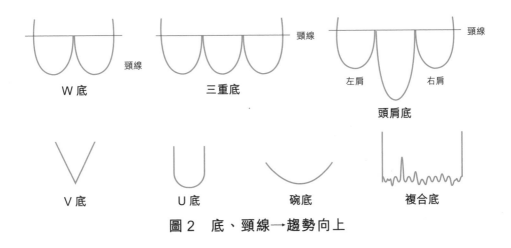

圖 2　底、頸線→趨勢向上

證。說到股價打底有幾種形式，碗底、U 底、V 底、W 底、頭肩（左肩、右肩）底、三重底、複合底；有底也會有頸線，專家常說「股價上漲突破頸線是個買點」，其中頸線就如（圖 2）所示，記住「當出現底型，股價漲過頸線，就是趨勢走強股價向上的方向」。

▍量價背離重要訊號

所謂「背離」就是當股票價格出現新高的時候，該股成交量並沒有增加而下降，就是證券價格與成交量不成正比關係，當處於初升段或盤整階段時，見到上漲價量背離，投資人應採取觀望態度，因為代表剛開始漲，投資人卻不願意追，信心不足下可能漲勢一下子就結束；不過，上漲初升段如果上漲都有量，卻在漲升「末升段」時量縮背離，代表此時多頭追漲意願不高，指數反轉而下機率大增意味市場投資人不認同這價位，才會出現不願意追價，價漲量縮的背離情況；相反地，當股票價格出現新低的時候，該股成交量並沒有減少反而增加，如果處於跌勢初期，代表股票剛跌下來，想殺出股票的人仍多，未來盤勢會持續下跌；但是，如果在跌勢末期，股價破底卻量增，代

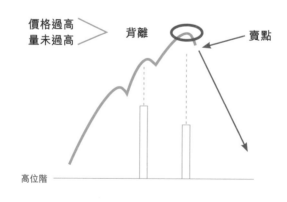

圖 3　從價量變化找最好的賣點

表低檔買盤進入轉趨積極，距離指數低檔應不遠。

　　總之「量價背離」進一步表明當前的量價關係與之前的量價關係發生改變，一般量價背離會產生一種新的趨勢改變，如果是上漲（多頭）格局，將出現修正調整，正所謂「價漲量縮，價量背離」，漲升過程中即將下跌修正的前兆，這時候就是一個高檔「好賣點」（圖3）。相反地，價跌量增，價量背離，下跌過程中即將出現上漲反彈的前兆，在這兒就是一個非常好的低檔好買點（圖4）。

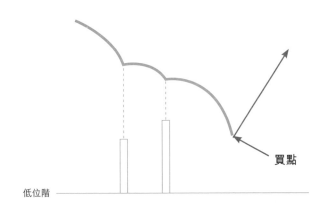

低位階

買點

圖4　從價量變化找最好的買點

💡 睿涵小叮嚀
高檔價量背離小心跌；低檔價量背離準備漲！

價量背離下的買賣點研判～
以鴻海為例

　　從上一篇內容中所得到的重要結論是，當「量價背離時會出現一種新趨勢的改變，如果是上升格局，將出現往下修正，投資人只要見到高檔價量背離訊號趕快賣，就可以少賠甚至還可以獲利；但相反地，如果是下跌格局，出現價量背離就意味著，該個股即將有往上跌深反彈的機會。現在就舉市場很愛的鴻海為例，分成兩種情況，一個是高位階找『賣點』；另一個是低位階找『買點』了」。

情況 1：高位階找「賣點」

　　假設這個人買在 2015 年初的鴻海 85 元，年初 85 元買下之後，股價漲到 5/29 的 99.3 元，當時成交量 86602 張，有量有價當然捨不得賣，當時市場很多人都認為鴻海過 100 應該機會很大。沒錯，鴻海股價就在市場期待見到 100 元的心理下繼續上攻，不到一個月，鴻海在 6/25 再見高點 99.7 元，差 3 毛就可以讓鴻海衝到三位數的俱樂部，結果，事與願違，鴻海之後的股價不但沒看到 100 元，甚至還出現股價即將下墜前的警訊，對！這就是價量背離。6/25 鴻海股價見高 99.7 元，成交量是 77040 張，顯然比 5/29 的 99.3 元，當時成交量 86602 張還要少，此舉即應證「價格過高，量卻沒過高」的背離，且當下鴻海股價位階是高的（就 2015 年之後而論），所以投資人聰明的抉擇應該是在 99.7

元賣掉鴻海，而非繼續抱著等待 100 元的到來，如果當時鴻海賣在 99.7 元，那約半年時間，該投資人是淨賺 14,700 元／張（99,700 － 85,000 元）；可是，如果當下沒注意高檔價量背離訊號，一閃神沒賣掉股票，鴻海股價可是會掉到 8／24 的 77.9 元，這時若再來忍痛殺出，該投資人可是悽慘賠掉 7,100 元／張呢！（77,900 － 85,000 元），我相信多數人應該屬於後者，或者就算賠錢也續抱，理由是對郭董有信心，或對鴻海是抱以長期投資的想法，若是這樣也行，畢竟金融市場是尊重自由機制的，只是話說回來，獲利不入袋怎能安心？不賣股的獲利不過就是紙上富貴？有錢賺為何不賣，若對郭董有信心，相信鴻海會衝過 100 元，日後再買回來不就得了（圖 1）！

圖 1　情況 1：高位階找「賣點」

情況 2：低位階找「買點」

前面說過，只要有錢，隨時都是買點，只是買貴或買便宜的差別而已，剛才不是說了嗎，如果這位投資人聰明，賣鴻海在 99.7 元時賺14,700 元，賣掉之後入袋為安，等待日後機會再賺鴻海的股價差，等的到嗎？當然！約半年時間，鴻海買進的大好機會來了，2016/1/4 鴻海殺到低點 78.6 元當時成交量 35223 張，隔個幾天，鴻海股價在 1/11 殺低到 75.3 元，市場一片譁然「天啊！鴻海股價會殺到哪？有法人說會殺到 60 幾塊……」

這時候，市場上鴻海的消息都是負面，誰敢買股票？加上市場不是有句名言說：「下墜刀子不要接！」誰知結果剛好相反，鴻海股價不但沒有見到 6 字頭，更浮現鴻海買進訊號！因為 1/11 鴻海股價殺到75.3 元時，當天成交量 52038 張，注意到了嗎？這個量比 1/4 鴻海低點78.6 元的量 35223 張還多，應證了「價格破低點，量卻沒有創新低」的背離現象，代表雖然鴻海股價破底，但進場搶便宜的人變多了，所以聰明的投資人應會選擇在 75.3 元買進鴻海，即使後面鴻海有再見低點1/21 的 72.7 元，但買在 75.3 元的人一點都不害怕，因為 1/21 的 72.7 元，當時成交量是 31465 張，價跌量縮，價量配合，代表即使鴻海股價再破底，但殺低意願已經降低許多，1/11 買在鴻海 75.3 元的人多數選擇繼續抱股（股價 75.3 元，成交量 52038 張 > 股價 72.7 元，成交量 31465 張），等待鴻海股價反彈。

果然！鴻海股價跌深反彈漲到 3/31 的 86.8 元，在鴻海 75.3 元時買進的投資人，短短兩個月又賺了 11,500 元（86,800 － 75,300 元），總結來說，如果鴻海在高位階和低位階，這兩次投資人都做波段，算起來光每張鴻海股票，短短半年多的交易時間就可讓你獲利 26,200 元（14,700元（半年）＋ 11,500 元（2 個月））。如果以當時 2015 年初投入 85,000 元

／張的成本計算，半年多獲利率高達三成，是三根漲停板耶！

　　所以，投資股票時要提醒自己，「不用天天進出買賣；也不要太多檔股票避免打亂判斷」，把握住股價高低位階，配合價量背離原則做波段，應該會是不錯的操作模式（圖2）。

圖2　情況2：低位階找「買點」

 睿涵小叮嚀
投資股票不用天天進出；選擇標的也不要多。

技術線型的買賣點研判～
以大立光為例

　　常聽市場專家說：「股價頸線破了，趕快賣，因為頭部已經成型，再不賣會賠更多。」或是「這檔個股跌深反彈，已經越過頸線，底型已經浮現快買，不快買會少賺很多喔！」這種說法我認同，但我覺得其實還有更好的買點和賣點，就是以上升軌道線（圖1）又稱上升趨勢線[*1] 研判「賣點」；以下降軌道線（圖2）又稱下降趨勢線[*2] 研判「買點」，因為如果依照頸線研判，會讓你少賺或多賠，到底是啥意思？這就是技術線型研判買賣點有趣的地方，和價量一樣分成兩種情況，一個是高位階找「賣點」；另一個是低位階找「買點」。

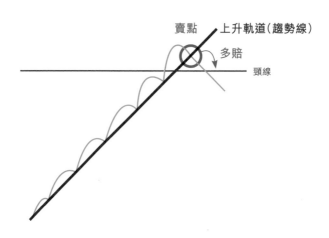

圖1　技術線型找最好的賣點

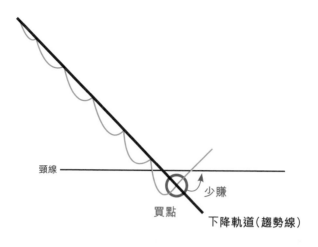

頸線

少賺

買點

下降軌道（趨勢線）

圖2　技術線型找最好的買點

情況1：高位階找「賣點」

　　當一檔個股氣勢超強，市場多頭買盤不斷追捧，股價就會出現每次高點都越過，低點都不斷墊高的情況，最終走出一個上升趨勢線，可是股價漲也不會漲到天上去，所以日後股價一定會有出現回檔的一天，注意！這時就處在非常關鍵時刻，如果你一閃神沒賣，可能就永遠住套房，所以一定要聽仔細，最佳賣點應該是在股價剛巧跌破上升軌道線的那一天，而不是日後繼續跌，攢破頸線再來賣，從中可以清楚見到，如果破頸線再賣就會多賠紅色註記的這一段。

　　其實，說到上升軌道還有另外一種也在這兒做補充，就是有些股票，股價表現往往有一種慣性，習慣走在「一條平行軌道」上，如果是多頭走勢的上升軌（圖3）以往是，漲到平行軌上緣股價就打下來，跌到平行軌下緣股價就漲上去，直到有一天，慣性打破，股價跌破平行軌下緣，這時後股價就有走弱疑慮，有多翻空的可能。

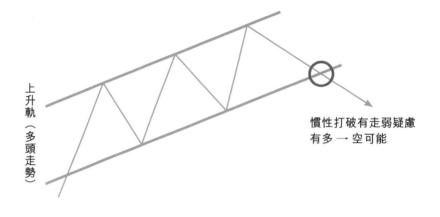

圖 3　股票軌道運行慣性

情況 2：低位階找「買點」

　　當一檔個股被市場摜壓，空頭氣盛的時後，市場空方賣盤會不斷釋放出來，股價就會出現每次高點都沒過，低點卻不斷跌破的情況，最終走出一個下降趨勢線，可是股價跌也不會跌到深不見底，所以日後股價一定會出現跌深反彈的一天，注意！這時候最佳買點就即將浮現，最好的買點應該是出現在股價剛巧突破下降趨勢線的那一天，而不是日後繼續漲，越過頸線再來買，從中可以清楚看到，如果漲過頸線再買就會少賺紅色註記的這一段。

　　其實，說到下降軌道還有另外一種也在這兒做補充，就是有些股票，股價表現往往有一種慣性，習慣走在「一條平行軌道」上，如果是空頭走勢的下降軌（圖 4）以往是漲到平行軌上緣股價就打下來，跌到平行軌下緣股價就漲上去，直到有一天，慣性打破，股價漲過平行軌上緣，這時後股價就有轉強可能，有空翻多的機會。

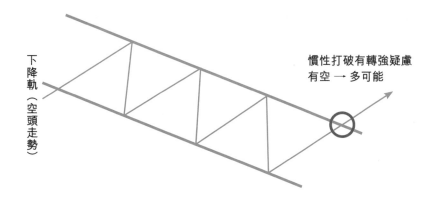

圖 4　股票軌道運行慣性

以上說明如果還不了解，我就從個股大立光來舉例說明：

情況 1：高位階找「賣點」

　　假設某位投資人在 2015 年 4 月時買下 2,720 元附近（272 萬元／張）的大立光，先將 2015/4/14 的低點 2,670 元，和 2015/6/4 的低點 3,135 元之間，連結畫出一條上升軌道線，相信很多人跟我一樣，很難忘記當時股王強攻至 2015/7/3 歷史高點 3,715 元的過程，當下市場一堆大立光的利多消息，甚至有外資看好大立光會來到 4,000 元，天啊！當時我在節目「錢線百分百」中還特地請教專家說明外資看法，腦中浮現的盡是「會不會跟宏達電一樣？」的想法。

　　2011 年 4 月底，宏達電最高飆漲到 1,300 元時，外資曾喊到 1,800 元，結果呢？宏達電從 2011 年的 1,300 元摔到 2015 年的 40 多元，直到 2016 年才又漲回 80 ～ 90 元，距離 1,300 元早已是天壤之別，這個例子

所要給我們的結論是：當個股股價飆到歷史新高時，外資喊的價格永遠都不會到（圖5）！

　　2015/7/3，大立光就在市場一片追捧聲浪中衝到 3,715 元的歷史新高價，買一張大立光股票要超過 371 萬，十張大立光股票就可以買下位在信義區四十多坪，屋齡約三十年左右的電梯大樓，這會不會太誇張了點？股王大立光股價會不會漲太多？股價飆的太超過了？……這些答案相信多數人當下是回答不出來的，但幸好，股價線型會說話，即使 7/3 的大立光衝到 3,715 元歷史新高，偏偏隔沒幾天，7/7 的大立光股價便跌破上升軌道線，股價落在 3,470 元，照理說，這裡應該就是最好賣點，如果投資人在這時賣掉手上的大立光，他便是大賺 75 萬元／張（347 萬元－ 272 萬元）的幸運兒，但我相信很多人不是賣在這兒，而是賣在大立光破頸線的時候，因為這樣才會見到頭部，大立光破頸

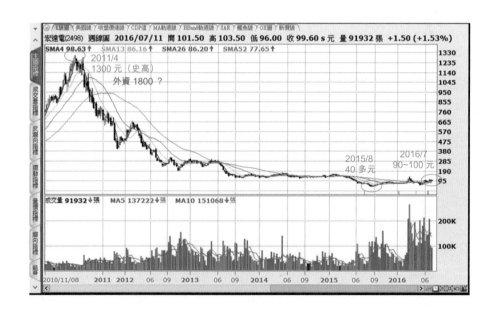

圖5

線時間是在 2015/7/27 的 3,065 元，若你這時才忍痛賣掉，就是賺 34.5 萬（306.5 萬元－272 萬元），雖然一樣是賺，但和前面破上升趨勢線就賣掉賺 75 萬元，來回就是差了 40.5 萬元。

而有賺是因為佈局成本低（買在 2015 年 4 月的 2,720 元），如果這位投資人追在高點 3,500 元，賣在股價跌破上升軌道線，股價 3,470 元是小賠 3 萬元(350 萬－347 萬＝3 萬元)，反觀若賣在破頸線 3,065 元，那可是大賠 43.5 萬元（306.5 萬－350 萬 =43.5 萬元），一差就多賠了 40 萬元耶！（圖 6），不過還有更慘，如果怎樣都沒賣，大立光 2015/8/6 跌到 2,720 元，跌回該投資人原來佈局點 2015 年 4 月的 2,720 元，過程都是空歡喜一場，一毛錢也沒賺到，這就是我先前一再強調的，股票沒賣掉，所有獲利都只是想像的喜悅。

圖6

情況 2：低位階找「買點」

　　大立光 2015 年 7 月後到 2016 年初，跌勢非常重，明顯就是走出一個下降趨勢，可是跌也不可能無止盡深不見底，所以對大立光有興趣的投資人會開始動作，將大立光 2015/11/5 的高點 2965 點和 2015/12/2 的高點 2610 點連結畫出一條下降趨勢線，結果好事發生了！大立光出現跌深反彈，而且就在 2016/1/21 突破下降軌道線，一舉衝上 2,035 元，這裡就是一個好買點，一張大立光股票 203.5 萬元，但您有買嗎？我想市場多數人進場的買點會落在過頸線的 1/29 的 2,375 元，大立光後來反彈到 3/2 的高點 2,832 元，如果在這裡賣掉一張大立光，您可知道買點若選錯了，您將會少賺多少錢？

　　讓我算給您聽聽，如果您買在突破下降軌道線的 2016/1/21 的 2,035 元，您的獲利是 797,000 元（283.2 萬元－ 203.5 萬元＝ 79.7 萬元）；如

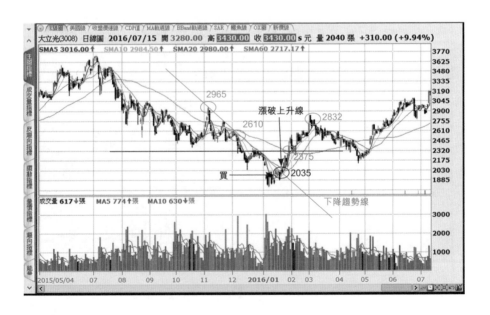

圖 7

果您是買在過頸線的 1/29 的 2,375 元,您獲利 457,000 元(283.2 萬元-237.5 萬元= 45.7 萬元)兩者差了 34 萬元,21 ～ 29 日短短七天交易日,買點不對就讓您少賺了 34 萬元(圖 7)。

睿涵小叮嚀
把握趨勢線突破的最佳買賣點!

註 ────────────────────────────────────

＊1 以股價變動的每次低點進行連結,畫出上升趨勢線。

＊2 以股價變動的每次高點進行連結,畫出下降趨勢線。

曾有觀眾問我：「睿涵，股票觀察有那麼多面向，像是基本面、技術面、消息面、籌碼面……，妳覺得哪個最重要？」

我通常會毫不猶豫地回答：「籌碼！」

因為基本面會出現利多不漲，利空出盡反而上漲；技術面在強勢多頭下，就算 KD 指標高檔 80 以上（超買過熱區）背離也會鈍化不跌；消息面就更不用說了，永遠有人早知道，知道內情的人想出貨，就藉由媒體放消息，讓你追高點好讓他倒貨給你，相反，利多好消息會讓自己（知內情的人）在低檔吃貨吃飽了，才放利多消息讓散戶追，他們（知內情的人）好大賺一波價差！但是唯獨「籌碼面」不會說謊，不論是偷偷買或偷偷賣，都會在股票市場上留下痕跡，所以，內線交易金管會不查則已，要查一定水落石出！

如果再結合上央行給的資金匯出匯入資料，所有投機取巧詐騙投資人的行為就會無所遁形，也難怪股市有句「股市新手看價，老手看量，高手『看籌碼』賺錢」的俗諺。接下來我就將針對「錢線百分百」節目中經常用到的籌碼追蹤選項，和大家分享詭譎多變的股票市場。

主力買賣超

據金管會定義，每季股票市場交易金額超過 5 億元者便是大戶；

季成交金額 1～5 億元稱作中實戶，主力買賣超的算式是：每天買超前十五名買超合計額減掉每天賣超前十五名賣超合計額，該指標紀錄每日的主力買賣力道，大戶對於股票較有影響力，身為散戶若可以跟在大戶後面，就可以大幅提高我們獲利率（不過也非絕對），照理說，這指標與股價應該呈現正相關，因為主力大戶有錢，當他大力買進某檔個股股價自然容易漲，相反，當他用力賣股時，除非有一股比他更強的買盤，否則股價下跌機會大。不過，在這兒也要提醒大家注意以下三個重點：

(1) 當你看到主力買超時，主力或許也買的差不多了，所以散戶往往來不及在低點跟進佈局。

(2) 我們有時會看到籌碼是主力一直賣，但該股股價卻一路漲，這什麼邏輯？簡單！因為這檔股票籌碼很集中，籌碼集中往往伴隨他是中小型股而且之前沒人注意到的冷門股，成交量低，主力大戶才有辦法握有該公司很多籌碼在手上，既然該公司股票多數在某人手上，這人要它漲？要它跌？就輕而易舉了，因為除了主力自己沒有其他人玩，所以主力可以「自己用很高的價格賣出，然後自己再買回來」，主力大戶左手換右手的炒股手法，股價就被他一個人越炒越高，當價格漲到一定程度，就會吸引市場關注，散戶以為是熱門股一窩蜂買進，主力再一次用高價賣出後便可成功退場，留下散戶自己慢慢玩，主力大撈一筆，這種情況一定要謹慎觀察。

(3) 避免被主力利用，建議和其他指標一起看，例如後面要說的買賣家數差距，若合在一起看就比較可以清楚掌握，大戶是不是真的在買股。

🐻🐂 買賣家數差距

　　嚴格說來，買賣家數差距定義是「買進該股的券商家數減掉賣出該股的券商家數」，也就是當見到賣出的家數，比買進的家數還要大，而且搭配股價轉強上漲，意味著「多數人將股票賣給少數人」，籌碼趨向集中，所以當我們看前者「主力買賣超」時，最好搭配「買賣家數差」一起看。舉例來說：當見到「主力買賣超」連續性的買進，伴隨賣出的家數大於買進的家數（意指買賣家數差為負數），顯然主力大戶正在大吃市場丟出來的籌碼，日後該股價續漲機率大！又例如 2016 年大漲股價創波段新高的中鋼，2016 年 2 月，中鋼股價從低點 18.2 元漲到 3 月中的 22.7 元，短短一個半月的時間就飆漲了近 25%，隨後，中鋼股價小回檔，拉回到 4/8 的 20.4 元，當時市場就傳出，中鋼急漲後應該會出現回檔甚至做頭往下，但結果呢？股價確實回檔一～三天，之後便又再次轉強漲回到 4/28 的 23 元。

　　試問，為何中鋼不跌反漲？首先，我們看到主力在中鋼股價拉回過程中，「由賣轉買」再配合上當時的買賣家數差是「負四十家」，代表賣出的家數比買進的家數還要大，搭配主力買進，這更讓我確認「多數人將股票賣給少數人，籌碼轉向集中」的判斷，所以中鋼股價就有支撐，中鋼那幾天的回檔還不是只有主力買進，連外資也站在買方，買盤強勁下，怎會做頭往下（圖1）。

🐻🐂 內外盤觀察

　　先跟大家解說一下，什麼是內、外盤！

　　「內盤」是指以買價成交的價格，內盤量是以買價成交的總量，基於買低賣高原理，內盤量越大表示盤勢「走弱」機率高。而「外盤」

圖 1　買賣家數差距

是指以賣方價格成交的價格，外盤量是以賣價成交的總量，基於買低賣高原理，當外盤量（賣高）比內盤量（買低）大時，表示盤勢「走強」機會提升。

　　舉例中鋼，2016 年 1 ～ 4 月份，中鋼股價大漲超過二成，回頭看看最好買點是在 1 月份，中鋼橫著走的 17 元上下，只是讀者或許會問「當時中鋼都不漲，誰知道日後會噴出？怎麼可能會買進？」錯！現在就來告訴你，1 月的中鋼買訊早出現，買訊在哪裡？從 2016 年 2 月股價低點 18 元附近漲到 3 月中 23 元之前，中鋼已浮現買訊，時間在 2016 年 2 月起漲前一個月，即使當時中鋼股價都在 17 元上下載浮載沉，但橫走近一個月後，如果仔細觀察，中鋼 1/6 之後的外盤價量領先內

盤價量的時間逾八成，直到 1/29 外盤價量高過內盤價量近一倍後，中鋼股價就噴出了，從 18 元開始大漲近 25%，換言之，買在 1 月的 17 元，並且賣在 3 月的 23 元以上，這才是聰明的操作。日後對於內外盤價的觀察，投資人應該更仔細敏銳才是（圖 2）。

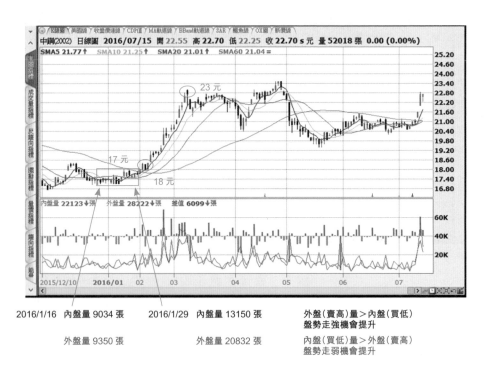

2016/1/16	內盤量 9034 張	2016/1/29	內盤量 13150 張	外盤（賣高）量＞內盤（買低）盤勢走強機會提升
	外盤量 9350 張		外盤量 20832 張	內盤（買低）量＞外盤（賣高）盤勢走弱機會提升

圖 2　內外盤觀察

千張大戶持股比

集中保管結算所能查詢到的計算公式是：持有 1,000 張股票以上的股東持股加總合計（張數）除以股本（總張數），這個比率越高越好，代表籌碼是「越集中」，如果低於四成，表示該個股籌碼太散亂，不利

市場做手炒作。

　　反之，如果超過八成，也可能帶來反效果，因為籌碼太過集中，會讓市場投機者不願意參與，當然也不容易炒股推升行情，通常市場會選擇千張大戶持股比介在 40 ～ 70% 的股票作為交易對象，股價比較炒得起來，正所謂「沒有投機不成市場」，當投機買盤把個股股價做起來，便能吸引更多買賣盤關注進場操作。

內部人持股比率

　　在公開資訊觀測站查詢到的公式是：內部人持股加總（張數）除以股本（總張數），所謂「內部人」是指該公司的董事、監察人、經理人、大股東，以及前述人的相關關係人（夫妻、朋友、同學、親戚……），因為上市櫃公司任何舉動都攸關股東權益，所以公司內部人賣股、買股等都需要被規範，像是內部人持股要受主管機關監管，就是買賣股票的時候要符合主管機關規定，賣的時候需要事先申報等。不過話說回來，假設一家公司內部人之一意圖炒作股票，他可能會傻傻地把自己的進出動作掀給主管機關看嘛？

　　因為結果是「不可能」，所以重點來了，如果一家意圖炒作股票的公司，絕對不會有高水位的內部人持股，因為股票流出去到他人身上，一來查不到（意指純人頭，非公司內部人），二來進出買賣不用申報，這樣炒作才容易，一般觀察，內部人持股如果超過四成就算高水位了，這樣的股票可能比較欠缺人為炒作的動機，但也意味著公司比較努力經營公司本業，通常一般公司的內部人持股比率介在 15 ～ 60% 之間，而且會每個月 15 號前公布訊息（表 1）。

表 1

主力買賣超	每天買超前 15 名買超合計
	每天賣超前 15 名賣超合計
買賣家數差距	買進該股的券商家數
	賣出該股的券商家數
外盤＝成交在賣方價撮合結果	外盤多 (賣高) →價格有向上拉趨勢
內盤＝成交在買方價撮合結果	內盤多 (買低) →價格有向下拉趨勢
千張大戶持股比	1. 集中保管結算所查詢 2. 持 1,000 張股票以上 　 股東持股合計 (張數)／ 股本 (張數) 3. 低於 40％→籌碼不集中 　 超過 80％→市場股票少難有大波動 　 40％～70%→股票較有操作空間
內部人持股比率	1. 公開資訊觀測站查詢 2. 內部人持股加總 (張數)／ 股本 (張數) 3. 超過 40％→公司認真做事 　 一般公司 15%～60% 4. 每月 15 號前公布

💡 **睿涵小叮嚀**

炒作股票？籌碼一查，百口莫辯！

3

股市交易異常，
藏在資券中。

主持「錢線百分百」節目五年多的時間，常在節目裡追蹤「異常股」，從外資進出、主力庫存等處找蛛絲馬跡，最後我發現，原來「融資與融券」最容易藏魔鬼在裡面，雖然法人（外資、投信、自營商）不可融資和融券，但這樣並不意味著可融資、融券的只是散戶。

換句話說，融資融券的總籌碼中，有一定很大的比例是來自「主力、業內、大戶、實戶、中實戶、公司大股東、公司高層外圍……」等人，不管任何事情永遠「有人早知道」還是內幕炒作內線交易，從融資和融券籌碼細追，很多都逃不過股市專家法眼，像是浩鼎解盲沒過，股價卻炒到 700 多元，金管會和檢調就是從「借券」籌碼中抓到證據的。既然交易異常股藏匿著很多跡象在資券中，那就讓我先跟大家說明一下，何謂融資和融券吧！

一般交易 VS. 信用交易

　　想要投資股票賺錢，其實有兩種方法，一個是「現股交易」（一般交易），就是用現金買賣股票；另外一種就是「融資」，簡單說就是借錢買股票；「融券」就是借股票來先賣；同樣是借股票，但是融券又和「借券」不一樣喔，後面再和大家說明「融券和借券」哪裡不一樣。

　　其實不管融資或融券，都是（信用交易）。

　　「一般交易」和逛夜市買東西不一樣，夜市買東西一手交錢一手交貨，但是股票買賣不一樣，除了全額交割股外 *1，交易流程共分兩段，第一階段是雙方買賣協議成立稱為「交易」；第二階段雙方履行協議稱之為「交割」，就是您在買進股票的第三天才要繳錢，賣出股票也會在第三天才拿的到錢，就是市場常聽到的「T + 2」制度。

　　「信用交易」就是對於想買進股票而資金不足，或就算有錢也不想用現股買，想擴大槓桿方式賺更多的人；乃至於想賣出股票，但手上卻欠缺股票的投資人，由證券公司提供資金（融資）或股票（融券）給予融通的一種交易方式。

股市交易方式

一般交易	信用交易
現金買股票	融資（借錢）買股票
現金賣股票	融券（借股票）來賣

借券交易是啥？

嚴格說來，還有第三種交易方式「借券」（券就是股票，借券就是借股票）是近三年股市當中最夯的話題，借券不一定要賣，但借別人的股票就要付利息錢，而且有借有還。

啥是借券？舉例來說，今天你手上有 100 張中鋼股票，已經持股超過好多年都沒有買賣進出，有些券商就會打電話詢問你：「要不要出借股票給別人，然後自己賺利息錢？」或者你也可以自己跟券商申請說：「我要『出借』這 100 張中鋼股票」屆時，券商當仲介者就會將這 100 張中鋼股票出借給別人，然後你賺利息錢，只是有幾點要提醒，借券不等於「借券賣出」，也就是，券商仲介下，林太太向王先生借券，日後除非林太太把這借來的股票「賣掉」這動作才叫做「借券賣出」，不然就是借券（持股在手）而已，若借來的股票一直都沒賣掉，借券期限到還券給出借者這叫做「還券」，這種情況也常見。

出借人好處是賺借券收入、股息、股利（信託收益），借券收入則是出借股票所賺的利息錢；股息是，不管券商把你的股票借出去多少張，這 100 張股票所有權還是你的，所以當你借出的該股配發股息，借券者還是要把股息還給你。

借券人好處是─把借出來的股票，趁高價賣掉（看空）賺價差。

至於借券手續費又是什麼？其實借券交易方式分定價交易、競價交易、議價交易，所以手續費也不同，因為券商是促成借券雙方（買賣雙方）的中間人，當然都要付給券商手續費，這跟買賣房子，買賣雙方都要付仲介費意思是一樣的。

定價、競價與議價的差異

定價、競價	向借貸雙方各收借券的 0.4% 作為手續費	出借人最低 100 元 介仁最低 1,000 元
議價	券商和客戶自行協議	

融券 VS. 借券有何不同？

融券和借券都是借股票，但實質上是不一樣的！

「借券」不用借來買上賣掉，借券人可以借來放在身邊再依據自己需求做不同運用。最重要的是，公司股東會召開前一段時間，融券要被迫強制回補，但是「借券」不用。另外，借券也常運用在籌措資金和履行合約上，融券則無法做到，很多外資會利用出借股票的方式來籌措短期資金，而且如果有合約到期，但是手上卻沒有股票，外資就可以用借券來完成與對方的承諾。

而「融券」一借來就必需馬上在市場上放空賣掉，而且公司股東會召開前一段時間，融券要被迫強制回補，即使當時不是好的回補時機（股價沒跌），卻因為股東會前融券強制回補（把日前已經在市場賣掉的股票，把他買回來，叫做回補）造成該檔股價被迫往上推高，這就是市場上常說的「軋空」行情。融券用途上比借券少很多。

融券 VS. 借券

	融券	借券
用途	借來後直接賣出	用途較廣，可以賣出、履約、還券。
遇到除權息時	強制你現在買回（補回）	股票還是在你手上，但是要補償借券人的權益。
提前召回風險	出借人不能提前召回	出借人可以把借出的股票提前要回來。

睿涵小叮嚀
股市信用交易就是融資、融券；借券和融券則不一樣！

註 ────────────────────────────────

＊1 上市櫃公司因財務發生問題產生退票情況，或是沒有在規定時間內公告每一季的財務
　　報表等因素，依規定被列為「全額交割股」，全額交割的股票是指財務發生困難、重
　　整，或停工的股票發行公司，因為投資該股票的風險程度高，所以交易方式與普通股
　　不同，全額交割股被規定禁止信用交易（融資融券），買賣時如取消，重新委託時也
　　需要再辦理手續。

融資能借多少錢？
融資買股賺多少？

　　信用交易不是任人想借多少就能借多少，包括開戶年限，交易金額，股票種類等，各方面都有所限制。而可以借到多少錢？相信才是投資人最關心的部份。投資人想融資，須有一定比例的保證金（自備款），當融資成數越高，所借得的款數就越多，例如：融資成數六成，股票1萬元自己出4,000元（保證金＝自備款），證金公司出6,000元（融資成數），但證金公司融資（借錢）給你，你是要付利息的，融資利率6％左右，確實在2016全球低利或負利率環境下，有點高的不合理（錢線早已爭取過要降低），政府有時為了促進股市熱絡，會調整融資成數。

　　融資運用在：假如您看好某家公司的股票，認為他日後會上漲，可是卻沒有足夠資金來投資，所以就向證券公司借錢先把股票買起來，等到日後股價上漲時，再把股票賣出去。賣出股票的錢扣除借款、利息和手續費後，就是您融資買股所賺到的錢。

　　以下舉例讓讀者更明白，但為了簡單清楚表達，暫時先撇開借款利息和手續費等，例如：

(1) 陳發財手邊有資金5萬多，購買每股50元的A股票1,000
　　股（一張＝1,000股＝A股票5萬元／張），後來A股票漲

到 55 元，所以陳發財就賺取（55 － 50）×1,000 ＝ 5,000 元的差價→現股買賣一張獲利 5,000 元，獲利率（5,000/5 萬 X100%）＝ 10%。

(2) 若陳發財是以信用交易方式買股，假設融資成數為五成，（台灣目前融資成數是六成）那麼陳發財用 5 萬元就可以買到 10 萬元的股票，也就是相當於 A 股 2,000 股（兩張＝ 2000 股＝ A 股票兩張 10 萬元），後來 A 股漲到 55 元，陳發財賺到的錢是（55 － 50）×2,000 ＝ 10,000 元→融資買賣獲利 10,000 元，獲利率（1 萬 /5 萬 X100%）＝獲利率 20%，這就可以解釋為何有些主力大戶甚至公司大股東們，就算有錢也不用現股買賣，而是採用融資買股擴大槓桿倍數，讓自己買股報酬率更高的原因。

(3) 融資買股因為是擴大槓桿，所以獲利率和虧損率都是比現股買賣來的多，也就是說，如果是一般現股交易，當股價從原來的 50 元跌至 45 元，那麼現股交易損失是 5,000 元；但融資交易就不只原來的 5,000 元，而是虧損多一倍（55 － 45 元）×2,000 股＝ 10,000 元（暫不考慮利息、手續費）。

 睿涵小叮嚀

主力大戶愛用融資、融券炒股。

NO.3 融券借股票，獲利有多大？

利用信用交易來賣股票就是作空即是融券交易，當您預期某支股票日後一定會下跌，所以就趁現在股價高價時，向證券商借股票來賣，等到日後真被自己料中，股價下跌，投資人再用低價把股票買回來（融券回補）還給券商，用高賣低買的方式來賺取差價。

以下舉例讓讀者更明白，為了簡單清楚表達，暫時撇開融券利息和手續費等因素，例如：

(1) 假設融券保證金成數為五成（台灣目前融券保證金成數是九成），如果投資人錢多多有 5 萬元資金，就可以借到相當於 10 萬元的股票，如果 B 股票目前每股價格 50 元（一張 1,000 股＝ 5 萬元），錢多多可以擁有 2,000 股（兩張），（B 股 5 萬元／張，用融券可以借到 10 萬／兩張的 B 股），這時候，錢多多先把借來的股票賣掉，然後先有 10 萬元的所得，等到日後股價跌到每股 45 元時，錢多多要還給券商 2,000 股（兩張 B 股票），這時候錢多多只要花 2,000 股 ×45 元＝ 9 萬，就可以回補（買回兩張 B 股），所以就賺 10 萬－ 9 萬＝ 1 萬元價差。

(2) 不過有些國家對於股市仍是偏多思考，喜歡漲，不願意見到跌（是因為股市是經濟景氣領先櫥窗，若股市重挫代表政

府執政無能？真是不了解……），所以融券保證金成數往往
都高過融資保證金成數，台灣大陸皆有此現象，台股上市
融資保證金只要四成，融券保證金卻要高達九成，而且當
股市狂瀉時，金管會甚至會將融券保證金調高到超過100%。

2015年時政府就將融券保證金調高到120%大幅拉高做空成本，目
的就是不讓投資人做空，來減輕市場賣壓穩定股市，中國更狠，直接
一聲令下「不准融券放空」若不聽話派出警方關切，這種情況看在尊
重市場自由交易機制的人眼中，確實無法理解與苟同。

說到偏空操作的「融券」在這兒也補充一下「借券」變化，對於
股價強弱的觀察，因為錢線百分百每天都會報告當天市場借券金額、
還券金額等資料，如果仔細查證交所網站，更可以查到單一個股「借
券增減」七種情況，您可以進一步推論該檔標的日後可能的漲跌多空
表現。

▎某檔個股借券增加

這時後要開始小心觀察，雖然借出來的券（股票）不一定會賣，
但是，如果日後真的賣了，賣壓可不小→日後該股股價恐偏空走勢。

▎某檔個股借券餘額增加

借券增加是觀察到每天借券張數都逐步遞增，但是借券餘額增加
是發現到，該股借券總量持續擴大，借券餘額持續增加→表示該股價
持續偏空走勢。

▎某檔個股借券減少

這時後要開始觀察，因為借出來的券（股票）變少，代表以後可

能的潛在賣壓籌碼遞減→日後該股股價有機會止跌或轉強，偏多走勢。

▌ 某檔個股借券餘額減少

借券減少是觀察到每天借券張數都逐步遞減，但是借券餘額減少則是發現到，該股借券總量持續減少，借券餘額減少→日後賣壓減輕，偏多走勢。

▌ 某檔個股還券增加

借的股票還掉，日後就沒有股票可以賣，代表以後潛在賣壓籌碼遞減→該股股價有機會止跌或轉強，偏多。

▌ 某檔個股借券賣出餘額增加

代表借出來的股票拼命從市場中賣掉，該股賣壓當然沉重→股價走弱偏空。

▌ 某檔個股借券賣出餘額減少

代表借出來的股票，市場賣掉的壓力減輕，該股賣壓消化後→股價走強偏多。

> 睿涵小叮嚀
> 利用融資、融券擴大槓桿，賺多也賠多。

NO.4 注意信用交易風險

利用融資融券的投資，風險相對增加，因為擴大槓桿關係，所以賺賠幅度都比現股來的大，也就是說，如果陳發財認為 A 股票日後會漲所以用「融資買股票」，但結果 A 股票卻是重挫下跌，到時後陳發財會面臨到融資追繳甚至斷頭命運；相反，錢多多認為 B 股票會重挫，所以錢多多用「融券賣股票」，不料最後 B 股票竟然逆勢飆漲，就算錢多多再不甘願，當時借的股票也一定要從市場買回來還給證金公司，這樣情況叫做融券空單被軋 *1（融券回補是「買進操作」），所以當空單被軋的股票，該標的將會越漲越兇。

▌ 擔保維持率

融資是否會被追繳？融券是否會被逼迫回補？端看「擔保維持率」。什麼是信用交易「擔保維持率」？投資人跟證券商借錢買股票或是借股票來賣出，都是用股票做為抵押擔保品，所以擔保維持率有兩種：(1) 融資維持率 (2) 融券維持率，維持率讀者可以看成是出錢的證券商對股價波動的「容忍程度」。

▌ 融資做多時，券商幫您出六成融資金額，投資人只需出四成，這時融資維持率＝股票市值（股票價格）/ 融資金額

當股票價格一直跌，融資維持率就會一直降低，當降到 120% 以下

時，券商 就會通知融資操作的投資人要「補錢」，如果不補錢，後兩天券商就會自動幫您賣出股票，這就是「融資斷頭」（因為券商要保住借出去的六成資金拿的回來）。

■ 融券放空時，放空的投資人必須要準備一筆「保證金」，目前（2016 年）證券商會收市價的九成當做融券保證金。

當投資人融券放空後（借出來的股票已經賣出去），投資人的「帳面」會有一筆「放空賣出的價款」，把「保證金與放空賣出的價款」和「股票市值」的比率就是融券維持率。而融券維持率＝（融券放空價款＋保證金）／股票市值（股票價格）。

當股價不是預期的下跌，反而是一直上漲，這時候融券維持率就會下降，當降到 120% 以下，就會形成「軋空」，屆時券商會請投資人增加「保證金」。

■ 融券放空時機

自從 2008 美國次貸風暴後，接著 2012 歐債危機，2015 日本歐洲負利率，全球經濟有七、八年的時間無法真正走向復甦，無庸置疑，台灣經濟不可能逆勢轉好，股市怎可能走出一個像樣的大多頭？況且台股結構變了，國內很多資金外流，造成台股根本沒人氣，讓近兩年台股市場高手集中在「做空」操作，所以針對融券放空的時間點，睿涵認為有必要和大家分享一下。

(1) 可讓投資人輕鬆掌握的就是公司開股東會或除權除息前，有一段時間不可以放空（停資停券），融券者也必須強制補回。例如 2016 年 3 月宏達電從 81 元飆漲到 136 元（圖 1），完全不怕當時利空環伺，就是因為股東會召開前兩個月左

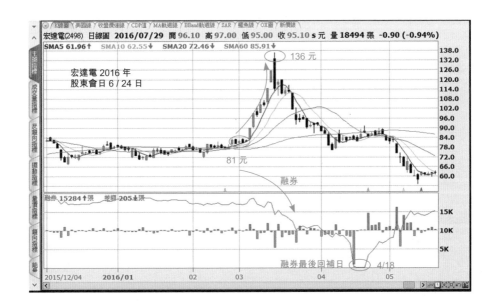

圖 1

右時間，融券被迫強制回補的推升動能使然。

(2) 個股漲勢太過兇猛，投資人認為股票沒理由狂飆而放空，
　　 和多頭主力對作。

(3) 見到外資狂賣台股且匯出，投資人看壞台股後市，一手賣
　　 出手中持股，另一手再融券加碼放空

(4) 空手的人可以直接借股（借券）來放空，等待股價落底後
　　 再買回股票還券。

(5) 股票除權（配股票給投資人）後怕股價下跌，先借券放空
　　 鎖住獲利，等到日後領到新股再還券。

(6) 若投資人趨勢研判錯誤或下錯單時，也可以進行放空來彌
　　 補多單虧損。

睿涵小叮嚀

一旦判斷錯誤！融資小心斷頭，融券小心被軋空。

NO. 5 融資、融券，
最容易出現詭異籌碼。

一家公司有利空消息股價頻破底，日後當股價大跌一大段後，陸續市場就會傳出「股價跌過頭了，可以低接，因為……」低接理由很多就會浮出來，但這時候投資人真的可以撿便宜？未必，請小心！

🐻🐂 狀況 1：融券異常增加

如果股價破底這時候又伴隨融券大增，千萬不可以亂低接股票，就像市場常說的「正在下墜的刀子不可以亂接，以免被割傷」，不可隨便進場買股理由很簡單，大家可以想一想這樣的投資心理「股價紛紛破低，散戶您敢追空？如果不敢，那請問，股價未止跌的下墜過程，融券沿路增加，這樣的融券他是誰？是不是知道『未來恐有更大利空』的那些人？可能是公司高層？內部人？」當下我們當然不知道融券放空者究竟是何人？但日後就會有答案……。

舉例來說：宏達電股價在 2015 年 3 月約在 140 元後持續下跌，當時市場很多人想撿便宜，從融資增加可以得到證明，但是如果您更仔細觀察到融券變化，就會發現事情不對勁兒，宏達電股價從 2015 年 3 月的 140 左右掉到 74 元附近，細看融券卻持續往上攀高，這些融券是「早知道宏達電日後有壞消息要公布的人」？果然！2015/6/5 宏達電無預警宣布下修本季財測，宏達電股價從高點 140 元跌至 74 元附近，

空單大賺 47% 以上，融資戶已經面臨追繳壓力，斷頭賣壓不小。即使外資分析師對於宏達電的保守觀點始終未曾改變，仍多給予「劣於大盤」、「賣出」等負面評等，但是當股價來倒 74 元附近時，市場就開始傳出宏達電股價跌過頭的聲音，但詭異的是融券在 6 ～ 7 月時，即使股價撐在 60 ～ 70 元附近，融券卻處在高檔不退，如果放空者（融券）認為這裡是宏達電股價最低點，那空單應該快速做回補，實際上並沒有，市場內行人又開始質疑，莫非這些融券又是「早知道宏達電日後又有壞消息要公布的人」？（和 3 月運用手法如出一轍）果然！8 月底宏達電對外公布，2015 年累計前三季，每股恐虧損 15 元，就是虧掉 1.5 個股本，高層因此祭出「撙節、裁員」挽救措施，全球員工裁員 15% 並達成減少 35% 營運費用的目標，歐系外資報告甚至指出，HTC 裁員也意味著 HTC 重返榮耀的前景黯淡，全球市場占有率恐低於 1%，外資預估，宏達電未來三年（2017 ～ 2019 年）都看不到獲利，預估 2016 每股虧損 18.43 元，2017 年每股虧損 9.72 元，2018 每股虧損 1.74 元，維持宏達電減碼評等並調降目標價從 69 元至 40 元。這消息 8 月底公布後，大家再看一下融券，意外地大量回補，這代表「知道內情的人，原預計安排好想藉由利空釋放，然後空單大賺的兩波計畫順利完成？」我沒有答案，但是請大家多思考！兩波空單大賺計畫，如果空在 140 元回補在 40 元，短短五個月大獲利超過 71%；如果空單是在 6 月才加入，空在 74 元，補在 40 元，更誇張一個月獲利近 46%，這段過程融券異常不停攀高，當時「錢線百分百」的製作團隊就在思考「這些融券放空的人是誰？絕非散戶（因為沒那個膽），如果空單繼續增加不回補，股價就還有低點，所以投資人這時候不應該進場……」，也就是這樣的好奇心，所以我當下就在節目中做出了宏達電異常股追蹤的結論，當然，時間最終證明了，睿涵「提醒散戶勿搶進」是正確的判斷（宏達電 8 月中後見到歷史最低點 40.35 元）。回頭想想，從 140 元一

路破底並追空的人真厲害，但他會是像您我一般的散戶投資人嘛？當然不是！市場合理懷疑，這些追空融券者，應該是早就知道 8 月底會公布宏達電虧掉 1.5 個股本的那群人，這樣大家明白了吧（圖 2）！

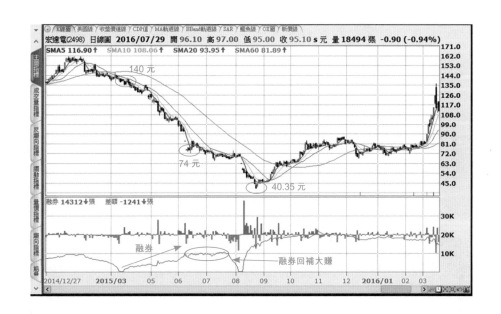

圖 2　券異常增加

狀況 2：融券強制回補，獲利大好機會

有專家曾說，股市中有些賺錢機會是固定的，是送給投資人的，就看投資人是否用心？舉例來說，各家上市櫃公司，每年都要召開一次股東常會，而股東會的前兩個月＋四個交易日，融券（就是空單）一定要強制回補（股東會前要確認股東人數），舉宏達電為例，2016 年股東會訂在 6/24，所以融券強制回補日是 4/18（前兩個月＋四個交易日減掉周六、日），這時候的融券沒有選擇不退場的權利，所以在停券

前就容易出現「券單強制回補（買盤）潮，進而推升股價上漲的動能」，就是這個原因，宏達電股價就從 3 月初的 81 元漲到 3 月中的 136 元，或許您會問，融券最後回補日不是 4/18 嗎？為什麼 3 月中之後宏達電股價就往下掉？理由是，股東會召開前兩個月的停券日，全市場都知道，所以會提前開跑融券回補行情，一旦日後見到融券快速下降（3 月中之後）那融券回補的動能也會隨之遞減，股價自然就漲不動了。

另外，除了一年一次的股東會外，還有股票除息日的前 4 個交易日，融券空單統統都要強制回補。例如廣達訂 8/1 為除息日（圖3），那 7/26～7/29 就會暫停融券賣出，7/26 為融券最後回補日。這時後就會見到股價低檔有撐，像是廣達股價低點就往上墊高。

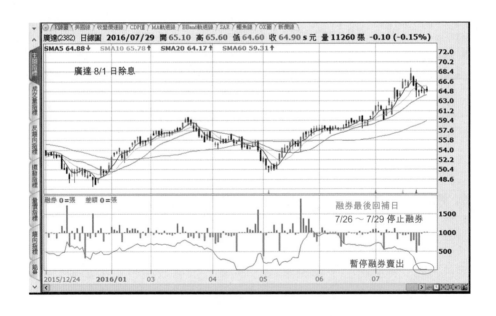

圖 3　券異常增加

狀況 3：融資異常增加

　　這情況和「狀況 1」的融券異常增加有點類似，「狀況 1」是股價破底還繼續有人用融券追空，意味日後還有更多利空即將爆發，股價還未見到最低點；但「狀況 3」是，股價一樣破低點，散戶都快嚇死怎敢進場買進，但卻有人大膽用融資追多，而且追在股價破底時，意味著日後可能有利多即將公布，但散戶不知道，偏偏又是「有人早知道」，所以趕緊趁股價大跌很便宜時，進場用融資買進，日後賺更多，所以此刻股價很可能是最低點，然後股價在利多公布前慢慢打底，一旦日後利多公布後，股價就會展開噴出行情。

　　舉例來說：中鋼股價從 2015 年 10 月的 21 元跌到 12 月的 16.75 元附近，當時中鋼股價是跌到十四年來新低（圖 4），這麼慘的股價表現，

圖 4

散戶敢追進？不可能！散戶深怕還會再破底，不會願意進場低接買股的，但詭異事情發生了……

中鋼股價從 21 元重挫到 17 元以下創新低，這段過程竟然融資接下墜的刀子，不覺得怪？此舉不禁讓人懷疑，又是「有人早知道！知道日後中鋼將有利多公布」，所以趕緊趁股價大跌時進場撿便宜，而且用融資增加槓桿賺更大，是嗎？（讓我們繼續看下去……）接下來股價從低點 16.75 元漲到 17 元多，照理說，融資跑短，賺個價差應該就要出場，但請你細看，融資從 2015 年 12 月中下旬到 2016 年 1 月都保持在高檔，在等什麼？等利多公布股價大漲再出貨賺更多？

果然，事情發生了，2016 年 1 月，國內鋼價在連跌兩年後，終於露出曙光，中鋼開出 3 月份內銷盤價，各類鋼品全面調漲，平均每噸調漲 307 元漲幅 2.3%，這是從 103 年 4 月以來首次開高。

雖然錢線製作團隊 2015 年 9 月後只注意到中鋼融資悄悄進場，直到 2016 年 1 月這消息傳出來，節目企製團隊就已經感覺鋼鐵產業氣氛變了，一定要趕快製作中鋼主題來提醒觀眾投資人。再者，當時全世界硬原料（鐵礦石、銅、鋁、鎳……）並非都露出曙光，錢線製作群才更覺得中鋼這消息太重要也具指標性，果然，中鋼股價就在錢線提醒大家這個訊號後，股價從 2016 年 1 月的 17 元漲到 3 月的 23 元，才短短兩個月，投資人佈局中鋼大獲利 35% 以上。

從以上三種狀況可以清楚判斷一個對投資人很不利，卻又無法改變的市場定律，就是「市場永遠有人早知道」，這些早知道的人會趁「利空發布前」先進行融券放空；趁「利多發布前」先進行融資買進；目的當然就是從股票市場中大撈一筆，所以讀者投資人日後一定要更加仔細觀察「融資融券微妙變化」。

狀況 4：法人買不動，誰在供應籌碼？法人賣不下，誰在吃籌碼？

　　市場上「有人早知道」不只有公司高層內部人，其中還包括與公司高層關係頗好的法人，外資法人、投信基金經理人、投顧業老師等都可能是名單，所以觀眾除了觀察融資融券變化外，還要多注意法人買賣動向，配合上主力庫存（公司大股東動作）變化，交叉比對下就更容易抓出是否有人早知道。當我們判斷出有人先知道先動作後，即使散戶投資人和他們無法同步進出，至少也只是「慢半拍」不是「慢一拍」或完全不知不覺被愚弄在股掌間。法人與公司高層是否有聯繫？先透漏消息？投資人並不難觀察，共可分為兩種情形：

　　一是，如果法人持續買進某檔個股，但是股價買不動，這時可還真要小心，釐清究竟是誰在供應籌碼（倒股票）給法人？
　　二是，法人持續賣出某檔個股，但是股價卻賣不下來，這時就要開始思考，誰在偷偷吃法人倒出來的籌碼？往往這時後會出現主力庫存增加，代表公司大股東吃下外資倒出來的股票，公司高層低吃貨用意？日後是否將有利多發佈？……這些都值得大家思考。睿涵試著舉鴻海和夏普簽約為例，讓大家能夠更明白。

　　鴻海和日本電機大廠夏普，2016/4/2 正式在大阪府堺市的堺十代廠簽約，簽約儀式時的黑色面板上有鴻海和夏普兩家公司名字，以及中華民國和日本的國旗，相信這一幕著實憾動所有國人的心，畢竟看到中華民國國旗的感動，肯定是無法言喻的。但在這感動的一刻前後，卻出現股價籌碼的特殊變化，2016/4/2 簽約前，此刻全市場完全

不知道鴻夏何時會簽約（我們投資人至少是這樣想的）？但事實是，2016 年 1 ～ 4 月（簽約日）出現外資連續買超且主力庫存不斷增加（圖 5），股價就從 76 元漲到 86 元，當時就有市場專家表示：「從外資買盤沒斷過且越來越積極，就可以知道鴻夏快要簽約了！」外資何以會知道簽約日？是鴻海透漏消息嗎？我們完全不知道，也無法斷定，但卻可以從法人和主力庫存的買進動向中，查覺鴻夏戀快要簽約的端倪與蛛絲馬跡。但是接下來，事情複雜了，4/2 鴻夏簽約的大利多之後，竟然外資買盤減少而且連主力庫存也在降低，股價從 3 月底的 86 元跌到 5 月的 72 元，這是利多出盡嗎？投資人就怕這樣，所以簽約消

圖 5

息曝光後，當看到法人籌碼訊號，投資人就不應該搶進。

　　前面說到鴻海，那麼若提鴻準那就更離譜了，簽約利多後，外資捧場繼續買鴻準（圖6），但鴻準股價竟然在70元上下停留半個月，這時候觀眾投資人就要思考「外資買那麼多鴻準，為何鴻準股價上不去」？是誰在供應籌碼給外資？果然，隨後鴻準股價跌到62.6元。

　　總結來說，市場研判股價走勢時，看透籌碼勝過一切，正所謂「量比價更重要」而量就是這些「法人、主力、融資、融券……買賣盤所構成」，想從股市撈錢就一定要進出，凡走過必留痕跡，學會把籌碼看更透，投資風險就可以更規避掉。

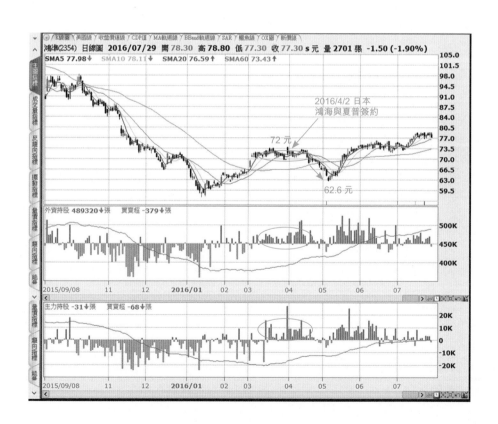

圖6

睿涵小叮嚀
看透資券籌碼，投資風險可降更低。

內線影子股慣用的手法

了解前面四種融資融券異常狀況後，要幫您總結，通常有內線影子的公司常常慣用的手法，流程如下：

趁股價低檔消息未公布前

(1) 主力持續買＋融資增加＋借券增加。

(2) 內線人還在吃貨階段（早知道的人）放「反」消息（前：放好消息；後：公布壞消息），目的就是要拉抬股價，製造市場樂觀氛圍，投資人散戶就會不知不覺地追進去買股。

(3) 日後，一旦公布壞消息，股價出現失望性賣壓。

(4) 主力融資將之前低檔吃貨的股票，利用股價跌逢高「賣」賺錢（多方獲利）。

(5) 另外一手將之前借券的股票逢高「賣」掉一樣賺錢（空方獲利）。

結論就是，知道內情的人，多空兩邊都賺，他才是市場大贏家，利用的點就是「市場都還不知道，但『他或她』卻是早知道」，這也是散戶很難在股票市場投資賺錢的原因，所以金管會如何根絕「早知道的內線人」利用多空籌碼挖市場的錢，讓晚知道的散戶投資人永遠套在最高點，這也應證股市 8：2 法則，贏家總是那少數的兩人（嘆氣……）。

接下來睿涵舉兩檔標的為大家做說明，但我必須先強調，這並非表示就是內線交易，只是查覺整件事情的過程怪怪的，尤其是在消息釋放出來時，籌碼確實出現詭異。

浩鼎

因為浩鼎 2016/6/5 乳癌疫苗 OBI-822 二期臨床試驗結果在美國 ASCO 論文發表，但結果最後不如市場預期，所以 6/6 浩鼎跌停開出，跌停委賣張數超過 2,800 張，成交不到百張拖累上櫃生技股下跌逾 3%，市場驚嚇頻頻追問「怎麼會這樣？」。

因為 5/13 ～ 6/3，當時市場傳出來的消息是，浩鼎在美國 ASCO 論文發表時將會有新的突破和好消息釋放，所以浩鼎股價就從 362 元附近漲到 6/3 的 630 元，短短半個月時間大漲七成多（七個漲停板），而且這段期間還經常出現漲停板，只不過同時間怪事居然發生了，浩鼎除了股價一邊大漲，主力一邊進貨而且借券同步沿路增加。借券餘額從 362 元的 7581 張大增到，股價 630 時的 8011 張，借券共增加 430 張，這些借券是不是知道美國論文報告不會有特別好消息，所以借券出來準備高檔放空？結果？待論文報告出爐後，包括臨床三期何時開始？如何設計？都被要求三緘其口，投資人及法人見狀相當不滿，頻頻重炮批評資訊不夠透明，而法人更解讀浩鼎解盲結果不如競爭者，甚至對不會產生免疫反應的病患有害，所以對浩鼎改以保守看待，股價於是就重挫跌停了！

然而說來也詭異，6/6 跌停（賣不掉）重挫後幾天，當跌停板打開後，主力開始大量出貨，主力（先知道的人？）買在 362 元，若出在 630 元，半個月左右大賺七成四，即使沒如此幸運賣在最高，是賣在利空出來後的 480 元，也獲利超過 32%（短短一個月）；這段期間借券也增加 430 張，利空還未出來前股價在高檔 630 元確實也見到借券賣出的

影子，借券空單賣在 630 元，回補在 480 元，短短半個月借券空單獲利也超過 23%，試問，這是正常的情況嗎（圖 1）？

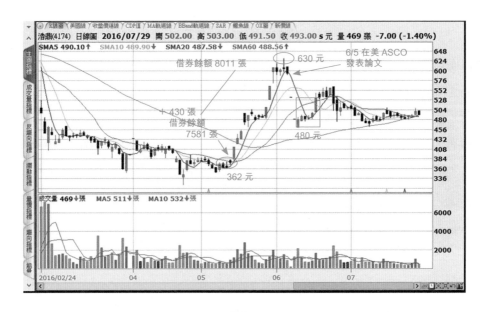

圖 1

宏達電

　　一年一度的台北國際電腦展（COMPUTEX TAIPEI）被國際間視為「未來科技業發展方向指標」，2016 年的展覽時間是 5/31～6/4，匯集全球科技大廠如 ABB、Acer、ASUS、Audi、BenQ、Cooler Master、MSI、SAMSUNG、SIEMENS 與 Mercedes-Benz 等在「物聯網科技應用」、「商業解決方案」、「創新與新創」以及「電競」四大主軸爭奇鬥豔，安謀、輝達、聯發科、華碩等四大科技廠也點出虛擬實境 VR/ 擴增實境 AR、人工智慧 AI、物聯網和機器人等為當下科技業四大熱門主軸，由此一看就知道虛擬實境絕對是重頭大戲。

　　而宏達電的 VR 更是展場的焦點所在，王雪紅樂觀看待 VR 未來趨

勢的談話，加上於展場中熱門排隊的人潮，**讓宏達電股價在電腦展尚未開始的 5/13 便以 58 元起漲，直到 6/4 展覽結束的 101 元，同樣在短短半個月內大漲 74% 以上。**

只是怪事情是，宏達電股票大漲期間，融券沿路增加，伴隨借券也在增加，直到 6/4 展覽結束，宏達電股價從 101 元跌回 87 ～ 88 元甚至見到跌停板，市場又出現驚嚇提問「怎會這樣？VR 不是很熱門，展覽前和展覽過程漲 VR 題材，展覽結束 VR 商機就沒了？」當然有，而且正常判斷展覽過後，國際大廠商下單子給宏達電，應該更是利多啊？然而結果卻是股價重挫，或許問題就出在籌碼，前半個月大漲八成的宏達電，融券和借券同步增加都沒有回補跡象（筆者在前文曾經說過，公司有重大利多消息公布，但為何有人持續放空？除非此人知道未來將有利空消息公布會讓股價重挫，早知道消息的人是

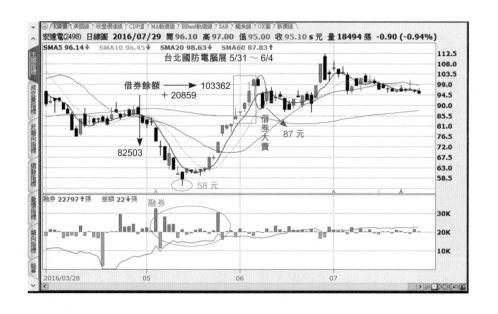

圖 2

誰……？）直到 6/6 展覽已經結束，但卻出現借券大量賣出，股價下跌，換句話說，這時後的股價漲跌根本與消息無關，因為好消息也好壞消息也罷，是有心人故意放出來給投資大眾知道的，目的是吸引散戶傻傻追買進去為他們（也許是炒作者）抬轎，是否如此值得大家深思（圖 2）！

提醒大家，面對這樣的股票，日後注意籌碼變化比聽公司消息更重要，因為它打的就是「籌碼戰」。

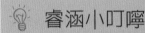

睿涵小叮嚀
知內情者常常多空兩邊賺。

第四章

不會選股票？
那就買 ETF 吧！

2016 年台股有一個很特別的地方，就是，即使大盤沒量，但是市場投資人甚至是法人很喜歡買賣 ETF（指數股票型基金），因為他只要掌握住「多（漲）空（跌）方向」，根本不需要像選股（基本面、籌碼面、技術面）那樣複雜，所以，ETF 熱的時候常常佔據大盤一成以上的量，也就是說，市場每天 800 ～ 900 億資金中，就有80 ～ 90 億元在操作最熱門的那十檔 ETF，一檔 ETF 約擁有 8 ～ 9億元交易金額，而其他 800 多億元分給 1200 多檔股票，這樣現象實在是非常懸殊，只是為何大家喜歡操作 ETF？不喜歡買賣個股？讓我們先認識什麼是 ETF？

什麼是 ETF
（Exchange Traded Funds） ？

　　ETF 就是「指數股票型證券投資信託基金」，簡單說就是「指數股票型基金」，是投資人可在股市中隨時買賣交易的「基金」，和一般銀行理專向你推銷的「基金」意思一樣。只是，股市交易的 ETF 投資人可以隨時買進賣出，但銀行理專推薦你買的基金，投資人通常不會每天盯著價格看，所以往往是理專建議你 A 基金……可以停利贖回……B 基金可以轉換成波段操作……C 基金要轉換地區（如果是買海外基金的話）。

　　ETF 是提供投資人參與指數上或下表現的指數型基金，ETF 將指數證券化，所以投資人若看好某個國家（例如台灣、大陸、美國、日本、印度等，國內都有 ETF）的股市，那麼不用買下該國一籃子股票（如台股買權重股：台積電、鴻海、中鋼、台塑……）來投資，而是透過具備該市場縮影的 ETF 來進行買賣即可，因為 ETF 基金是以持有與指數相關性高（權重大）的股票而組成的基金。

🐾 🐎 投資 ETF 五大好處？

　　（1）ETF 幫你降低投資股市的風險。市場常說「雞蛋不要放在同一個籃子！」這句話在投資上非常重要，投資股票時，比起全部財產都壓在一檔股票上，多數投資人會選擇買不同股票來分散投資風險，

但是，一般投資人常面臨到錢不夠多的問題（誰會覺得自己錢夠多？哈……），明明想要買的股票十多檔，但自己的錢只夠買一檔，最後只壓一檔股票，當然風險就變大了。

（2）**小資族也買得起 ETF**。ETF 就像一個菜籃子，ETF 發行者把市場上優質的好菜（好股票）都拿進來放，好讓投資人不用去煩惱到菜市場要買什麼菜（股票）？哪些菜是好的？魚是新鮮的嗎？直接買這個「菜籃子（ETF）」就可以。

只是，再績優的股票也可能暴跌，例如 2011 年，宏達電（代碼2498）這檔股票價值水漲船高，一張股票狂飆到新台幣 130 萬以上，如今（2016 年 8 月），一張宏達電跌到 9 萬多塊，就是明證，投資人千萬要切記，投資是「沒有任何事情可以保證的，黑板永遠是正確的！」更不要以為有什麼公司是大到不能倒的，在股市，凡事都有可能會發生。

（3）**只需看大盤趨勢多空方向，不用時刻研究每家公司的基本面、籌碼、技術面，省下投資所需要判斷的時間**。投資人如果認為台股日後會漲就「買」台灣 50ETF（代碼 0050）認為會跌就賣，或是買「台灣 50 反 1」（00632R）他是看台股會跌，台股跌，「台灣 50 反 1」ETF就會漲，這兩者都是是大盤的縮影，所以不會偏離加權指數（大盤）太遠。只要台灣在，台股就會在，而「台灣 50」就會屹立不搖，買「台灣 50」跟買一檔股票（一家企業）是不一樣的，你需要擔心有一天公司會下市（關門大吉），或是股價狂瀉一蹶不振，但是，中華民國這個國家不會不見，而「台灣 50」的股價和大盤亦步亦趨，所以常理判斷，只要台灣景氣好，台股就會漲，投資人就可以買「台灣 50」；相反，如果台灣景氣差，走下坡，台股就會跌，投資人就可以賣「台灣 50」或買進看跌台股的「T50 反 1」（這也是 ETF）。

（4）**穩定的股息殖利率**。睿涵就舉「台灣 50」來說好了，近七年

股息殖利率平均 2.88%，在國際負利率、低利率的大環境下，這樣算是很好的殖利率了，大勝銀行定存，2016 年銀行定存年息降到 1 ～ 2% 上下，況且 2016 年後全球進入「負利率」時代，錢存到銀行不但沒有利息錢，還要付給銀行「保管費」，全球微利時代下能保有 2 ～ 3% 股息殖利率算是很不錯的了。

不過提醒大家，不是每一檔 ETF 都有配息，有些 ETF 是沒配息的，所以投資 ETF 如果是相中配息，想進行中長投的一定要弄清楚，手上 ETF 有無每年配息？配息率穩不穩定？平均每年股息殖利率情況？

表 1

交易特點	ETF	股票
標的指數	有	無
風險分散	有	無（除非買進大量權重股）
交易稅	低（千分之一）	高（千分之三）
信用交易	可以融資融券	可 但非每一檔
平盤以下放空	可	可 但非每一檔
研究個股	不用	要

（5）**買賣 ETF 交易稅只有股票的 1/3**。一般我們買賣股票都要繳兩種費用（表 1），一是手續費，另一則是交易稅，手續費部分都是 0.1425%。但說到交易稅，一般股票是 0.3%（千分之三），ETF 卻只要 0.1%（千分之一），這就是為什麼 2016 年後，台股市場的 ETF 平均都可以佔總量一成以上的主要原因。況且，當台股只剩下 600 ～ 800 億的常態量時，一成以上資金都在操作 ETF 導致其餘一千多檔股票根本沒量，台股若長期是這樣狀況，上市、櫃企業在台股市場籌資困難，也會種下企業經營的危機種子，不可不慎。

ETF 的兩種交易方式

顧名思義，ETF（指數股票型基金）既是基金也是股票，從（圖1）中可以看到，ETF 必須先由一家管理公司來發行，通常是投信，所以第一種交易是「向投信公司」申購該基金，就是傳統共同基金，可以在證券市場收盤後，按照當天基金淨值向基金發行商購買，透過實物申購與買回機制 ETF 市價可以貼近淨值。

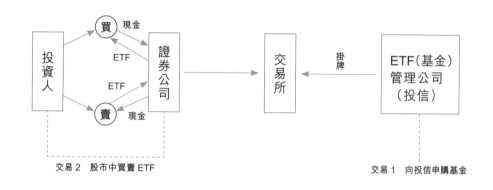

圖1　ETF 的兩種交易方式

第二種購買 ETF 的方式是，這檔基金證券化後，在股票市場（交易所）掛牌，投資人就可以向證券公司買賣該檔 ETF，想做多，就用現金買 ETF，想做空可以融券先空該檔 ETF，日後下跌賺到錢再回補空單。這樣的 ETF 最令人喜愛的地方就是方便交易，ETF 可以像股票一樣在股市中自由買進賣出，而且還可以進行信用交易（融資融券），跟傳統共同基金比起來操作更加方便和靈活性（表2）。

表 2

交易特點	ETF	傳統共同基金
管理方式	被動管理，追求與指數一致報酬。	積極管理，目的打敗大盤。
交易方式	交易時段內隨時交易	以每日收盤淨值定價及交易
信用交易	可以	不行
投組變動頻率	低，除非指數成分股變動，否則內容固定。	高，依經理人判斷是否要更改投組內容。
投組透明度	高	低
管理費用	低	高

 睿涵小叮嚀

買賣 ETF，交易稅只有股票的 1/3。

NO.2 　買賣 ETF 的注意事項

　　前面已經跟大家說過投資 ETF 好處，但不可諱言的是，因為市面上 ETF 檔數太多，所以有些 ETF 成交量很少，建議量少的 ETF 千萬不要碰，因為會有流動性風險。我們接下來針對幾檔量大，具備人氣的 ETF 來跟大家做介紹：

　　從 ETF 總覽表格中可以見到，國內 ETF 發行公司多數是元大投信，第二是富邦投信，從這裡可以讀出一個重要投資訊號，就是如果台股行情真的熱起來，元大金控（代碼 2885）應該是首選，第二選擇才是富邦金控（代碼 2881），雖然市場上說到金控股的投資建議，常提到富邦金和國泰金（代碼 2882），但和股市最大關聯的還是元大金控，因為元大證券規模最大，富邦強項應該是在壽險部位，如果國內壽險、保險市場出現大幅成長，或富邦在中國、海外保險、壽險市場大舉攻城掠地，那對富邦金控就是利多，股價表現機會就大大增加。

　　至於國泰金控則是在房地產部分投資人要更加看重，因為國泰金不動產比重高，所以國泰證券每次的研究報告，對於房市的未來研判

更具指標意義！（以上建議僅供參考喔，一定要這樣說，嘻……）。說到金控的看法是題外話，現在拉回到正軌。

買賣 ETF 的七大注意事項

▌量少的 ETF 不要碰

因為投信業者之間彼此相互競爭，所以如果某檔 ETF 市場交易熱絡有賺頭，那麼即使元大投信已經發行，富邦也會跟著推，像是「台灣 50」（代碼 0050）周均量都有 2 萬張以上，所以富邦也發了一個「FB 台 50」（代碼 006208）前面有 FB 就是富邦投信的意思。不過很現實的，一山不容二虎？還是台股的灶根本還沒燒熱？

元大投信發的「台灣 50」周均量 2 萬張以上，但富邦投信發的 FB 台 50 周均量卻只有個位數，即使兩者交易標的都是「台灣 50 指數」，交易量竟然會差異如此大，還有，以「台灣 50 指數」當做投資標的的還有「T50 正 2」（代碼 00631L）和「T50 反 1」（代碼 00632R），這兩檔 ETF 也是元大投信發行的，5 日平均量各自是兩萬多和七萬多張，當台股位階在高檔修正壓力大時，市場就會追買「T50 反 1」成交量就會衝大。

相反，當台股位階在低檔反彈機會大時，市場就會追買「T50 正 2」，這時後成交量就會擴增很多，從中也看出台股投資人賭性很大，喔，不！應該說投機性強，很有冒險精神，槓桿倍數放大要做多就押寶兩倍，現在以台股指數為標的指數的 ETF，成交量大的就是這些，其他像是豐台灣（永豐投信發行）寶摩台（元大投信發行，追蹤 MSCI 台灣指數）、FB 摩台（富邦投信發行，追蹤 MSCI 台灣指數）、新台灣（元大投信發行，追蹤未含電子股 50 指數）等，量都非常少，日均量

都未超過 3 位數，所以不建議進場，再次提醒，買賣 ETF 最重要就是要觀察成交量。

▌都是以新台幣計價

只要這些 ETF 是在國內台股交易，則全部都是以「新台幣」計價，或許你會問：「不是有一些交易國外市場的 ETF，像是陸股 ETF、美股 ETF……也是台幣計價嗎？」是的，沒錯。不管該檔 ETF 追蹤的是他國股市或是原物料市場，投資人買賣該檔 ETF 都是用新台幣。

▌指數股票型的 ETF 最多──台灣、中國

顧名思義，指數股票型的 ETF，該檔 ETF 就是追蹤一個指數，只是這個指數可能是一個國家的股票市場指數（如台灣加權股價指數、美股標普指數），也可能是抓出一些指標股編纂出一個指數（如台灣 50 指數、台灣高股息指數、電子類股指數、金融類股指數），所以接下來筆者針對指數股票型的 ETF 跟大家做介紹。

台股中「指數股票型 ETF」最多的投資區域兩個「台灣和中國」。先說台灣相關的指數股票型 ETF，共可分為三類，

> 一是大盤縮影，例如台灣 50、T50 正 2、T50 反 1 這些都是；
> 二是中小型股和類股代表的 ETF，像是中 100（標的指數：台灣中型 100 指數，就是集中市場扣掉台灣 50 那些大標的後的中型企業）、寶富櫃（標的指數：櫃買市場的富櫃 50 指數）、FB 金融（標的指數：金融保險類股指數）、寶電子（標的指數：電子類加權股價指數）；
> 三是特定目的的 ETF，像是將高配息的公司湊在一起的高股息 ETF（代碼 0056；標的指數：台灣高股息指數）、將海外投

資不錯的台商湊在一起的台商 50ETF（標的指數：S&P 台商收成指數）、或是針對喜歡買科技股的投資人而設計的 FB 科技（標的指數：台灣資訊科技指數），只是我在前面已經說過，因為 ETF 太多，有些即使 ETF 內容物不錯，但是因為成交量太少，投資人介入時仍要多多思考。

以中國為主要投資區域的指數股票型 ETF，要特別注意各自 ETF 追蹤的是哪個指數？

有些是現貨，有的是期貨，要特別注意小心，ETF 總覽表格中可以看到陸股相關連結的 ETF 多數追蹤的標的指數是「滬深 300 指數」和「中國 A50 指數」，陸連結 ETF 商品在國內，仍是兩倍 ETF 很熱，但是兩倍槓桿型陸股 ETF，目前礙於沒有大陸 QFII（合格境外機構投資者）額度，所以只能透過境外交易，布局新加坡掛牌的 A50 期貨，大家注意到了嗎？我說的是「新加坡 A50 期貨」，滬深 300 指數成分股涵蓋 A50 指數成分股，相關係數高達 95%，所以投信業認為布局「新加坡 A50 期貨」方式操作是階段性最好的替代方案。

另外，反型 ETF 與一般指數型基金不同的地方是，目前反型 ETF 追蹤的多是指數期貨，並不是指數本身，也就是說，如果想要透過槓桿反型 ETF 參與陸股行情擴大獲利，除了要先了解這類產品交易特性外，還要注意投資內容追蹤誤差，才能選到適合自己的商品。還有，陸股在下午 3 點收盤，比台股晚一個半小時，因此投資人要看 ETF 折溢價（溢價：ETF 市價＞ ETF 基金淨值；折價：ETF 市價＜ ETF 基金淨值）表現，最好在兩地交易時段盤中比價、注意看即時淨值才有意義，否則受時間影響導致折溢價幅度失真，原本以為買到折價幅度高的產品，最後結果可能不是如此。

▌ 注意有無漲跌幅限制？

　　ETF 有無漲跌幅限制？得看其掛牌上市國證券交易所的規定，國內的 ETF（臺灣證券交易所掛牌上市的 ETF）比照台股有 10% 漲跌幅限制，股市波動再大，一天最大獲利或最大損失就是 10%。

　　但在台灣上市的 ETF 投資的成份股，若含有國外市場則無此限制的證券時就不受此限制，海外 ETF（意指在其他國家證券交易所掛牌上市的 ETF）就比照當地證交所的漲跌幅規定，像是美國股市無漲跌限制，投資人在國內買賣美股 ETF 也沒有漲跌幅限制。簡單地說，國內指數股票型 ETF，像是台灣 50、中 100、高股息、寶金融的漲跌幅限制是 10%，但是國外指數股票型 ETF，像是寶滬深、上證 2X、上證反、S&P500 等，則都是沒有漲跌幅限制的唷！

▌ 指數股票型的 ETF 最多─國外

　　除了台灣、中國以外，國外股市中的指數股票型 ETF 其實也很多，這一點是我覺得最棒的地方，有「立足台灣，放眼全世界」的感覺，無庸置疑，台股常常隨著美股上下而起落，當天早上見到美股重挫，台股跟跌機率就大，所以國內投資人早就培養出對美股的敏銳觀察力，當預測美股即將做頭崩跌時，就可以買入「S&P 反 1」（代碼 00648R；追蹤標的指數：標普 500 反向指數），日後見到美股崩跌後，快要止跌反彈，或是底型已經出來將出現報復性反彈時，就可以買入「S&P500」（代碼 00646；追蹤標的指數：標普 500 指數）或「S&P 正 2」（代碼 00647L；追蹤標的指數：標普 500 2 倍槓桿指數）。

　　另外，自 2015 年開始，日本股市和匯市出現高度「負相關」，日圓強升，日股重挫，日圓回貶日股大漲，只要慣性沒改變前，就是好的發財良機。盤中見到日圓強升，快買「日本反」ETF（代碼 00641R；追

蹤標的指數：東証反向 1 倍指數），相反地，盤中見到日圓瞬間狂貶，快買日本 2X（代碼 00640L；追蹤標的指數：東証正向 2 倍指數），或 FB 日本〈代碼 00645；追蹤標的指數：東証指數〉。

　　另外，還有香港股市和印度股市（2016 才上市）的 ETF 可讓國內投資人更加國際化的投資國際市場，因為是用新台幣交易，一來記可規避匯差風險，二來也能緩解國人想投資海外市場時的資金外流情況（表 1）。

▌ 原物料 ETF

　　以前國人要投資黃金、石油等原物料商品，都要透過買海外基金才可以投資，但現在不用了，元大投信發行元石油（代碼：00642U；追蹤標的：標普高盛原油 ER 指數）和元黃金（代碼：00635U；追蹤標的：標普高盛黃金 ER 指數），2016 年 1 月石油見到每桶 26 美元後強勁反彈；2015 年底黃金見到低點大力反彈，這段過程中，國內元石油、元黃金都拉出一段漂亮漲幅，元石油 5 個月賺超過四成，元黃金賺近二成，在國內就可以進行國際原物料的投資感覺真的不錯，很有國際觀，只是提醒大家，不管任何投資都要注意風險考量喔！

▌ ETF 有配息？

　　有配息的還是少數，請見 ETF 總覽（表 2），多數有配息的是台灣的指數股票型 ETF；美股只有 S&P500（00646）有配息；但是，T50 正 2 和 T50 反 1、陸股相關連結的 ETF 和港股相關連結的 ETF 以及原物料 ETF，收益全部併入基金資產不分配股息。

表 1　國外 ETF 總覽

EET 名稱	代碼	發行公司	計價幣別	投資標的	投資區域	標的指數	配息頻率	殖利率(%)	月均量(張)
元黃金	00635U	元大投信	台幣	黃金	美國	標普高盛黃金 ER 指數	收益全部併入基金資產，不予分配。	--	821
元石油	00642U	元大投信		石油	美國	標普高盛原油 ER 指數		--	8905
日本 2X	00640L	富邦投信		指數股票型	日本	東証正向 2 倍指數	收益全部併入基金資產，不予分配。	--	8697
日本反	00641R	富邦投信				東証反向 1 倍指數		--	277
FB 日本	00645	富邦投信				東証指數			1503
S&P 500	00646	元大投信		指數股票型	美國	標普指數	年配	--	383
S&P 正 2	00647L	元大投信				標普 500 2 倍槓桿指數	收益全部併入基金資產，不予分配。	--	254
S&P 反 1	00648R	元大投信				標普 500 反向指數		--	6164
FH 香港	00649	復華投信		指數股票型	香港	恆生指數	收益全部併入基金資產，不予分配。	--	177
香港 2X	00650L	復華投信				恆生槓桿指數		--	1237
香港反	00651R	復華投信				恆生短倉指數		--	412
FB 印度	00652	富邦投信		指數股票型	印度	NIFTY 指數	收益全部併入基金資產，不予分配。	--	3060
印度 2X	00653L	富邦投信				NIFTY 正向 2 倍指數（操作新加坡 NIFTY 期貨）		--	--
印度反	00654R	富邦投信				NIFTY 反向 1 倍指數（操作新加坡 NIFTY 期貨）		--	1590

資料來源：《非凡商業周刊》　★月均量為 2016 年 6 月抓取數字。

表 2　ETF 總覽

						ETF 總覽			
代碼	EET 名稱	發行公司	計價幣別	投資標的	投資區域	標的指數	配息頻率	★殖利率（%）	月均成交量
0061	寶滬深	元大投信				滬深 300 指數			3625
006205	FB 上証	富邦投信				上証 180 指數			4531
006206	元上証	元大投信				上証 50 指數			872
006207	FH 滬深	復華投信				滬深 300 指數			1825
00633L	上証 2X	富邦投信				上証 180 兩倍槓桿指數			49491
00634R	上証反	富邦投信				上証 180 反向指數			3684
00636	CFA50	國泰投信		指數股票型	中國	富時中國 A50 指數			1323
00637L	滬深 2X	元大投信				滬深 300 日報酬反向 1 倍指數			68756
00638R	滬深反	元大投信				滬深 300 日報酬反向 1 倍指數			484
00639	深 100	富邦投信				深証 100 指數			4372
00643	深中小	群益投信				深証中小板指數	收益全部併入基金資產，不予分配。		3319
008201	上証 50	中銀保誠				上証 50 指數			86
00635U	元黃金	元大投信		黃金	美國	標普高盛黃金 ER 指數			821
00640L	日本 2X	富邦投信		指數股票型	日本	東証正向 2 倍指數			8697
00641R	日本反	富邦投信				東証反向 1 倍指數			2744
00642U	元石油	元大投信		石油	美國	標普高盛原油 ER 指數			8905
00645	FB 日本	富邦投信			日本	東証指數			1503
00646	S&P500	元大投信	新台幣			標普指數	年配		383
00647	S&P 正 2	元大投信			美國	標普 500 2 倍槓桿指數	收益全部併入基金資產，不予分配。		254
00648R	S&P 反 1	元大投信				標普 500 反向指數			6164
00649	FH 香港	復華投信				恆生指數	收益全部併入基金資產，不予分配。		177
00650L	香港 2X	復華投信			香港	恆指槓桿指數			1237
00651R	香港反	復華投信				恆指短倉指數			412

0050	台灣 50	元大投信		指數股票型	台灣	臺灣 50 指數		3.03	16918
0051	中 100	元大投信				臺灣中型 100 指數		3.31	33
0052	FB 科技	富邦投信				臺灣資訊科技指數		6.28	8
0053	寶電子	元大投信				電子類加權股價指數		3.3	19
0054	台商 50	元大投信				S&P 台商收成指數		3.23	18
0055	寶金融	元大投信				MSCI 臺灣金融指數		3.16	371
0056	高股息	元大投信				臺灣高股息指數		4.42	3798
0057	FB 摩台	富邦投信				MSCI 臺灣指數		--	24
0058	FB 發達	富邦投信				臺灣發達指數		6.15	5
0059	FB 金融	富邦投信				金融保險類股指數	年配	5.64	3
0060	新台灣	元大投信				未含電子股 50 指數		2.67	
006201	寶富櫃	元大投信				櫃買「富櫃五十指數」		2.54	108
006203	寶摩臺	元大投信				MSCI 臺灣指數		3.29	8
06204	豐臺灣	永豐投信				臺灣加權股價指數		3.42	9
006208	FB 台 50	富邦投信				臺灣 50 指數		2.26	6
00631L	T50 正 2	元大投信				臺灣 50 指數		--	21354
00632R	T50 反 1	元大投信				臺灣 50 指數		--	90213

資料來源:《非凡商業周刊》105.2.21 第 976 期　★殖利率為證交所 2015 年統計

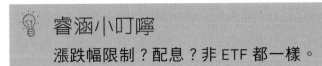

睿涵小叮嚀

漲跌幅限制?配息?非 ETF 都一樣。

NO. 3 話說 ETF 人氣商品？
進場時間點為何？

在此一章節中，我要跟大家分享心中的人氣 ETF，但在此之前還是得先說明幾件事，因為台股中的股票型基金 ETF 實在太多檔，加上從 ETF 總覽附表中看見幾個項目，其背後所代表的意義更是多元？故而在此請容我先做一番說明：

你該知道的 ETF 外包裝

ETF 總覽附表中的最上面一排字包括 ETF 名稱、ETF 代碼等，我覺得這兩樣最重要，畢竟買股票總得知道它的名字和代碼吧；另外，要知道發行公司的原因是，可從發行公司（XX 投信）電腦網站中查詢該基金每天的淨值，因為投信基金淨值如果與黑板上的 ETF 市價有價差，便會形成溢價（ETF 市價＞基金淨值）或折價（ETF 市價＜基金淨值）這當中就會有套利空間產生，法人常運用這樣手法來獲利，至於怎麼做？請容我隨後再做說明……

再來是「配息頻率」，這是我認為僅次於 ETF 名稱代碼後的第二個最重要的項目，很多人買 ETF 就是因為懶得選股票，只想用看懂趨勢來投資賺錢，也正因為這樣，所以有些人會把 ETF 當做中長線投資，所以，該檔 ETF 有沒有配息就顯得格外重要。偏偏每年有固定配息的 ETF 不多，所以自然更要弄清楚才行。至於殖利率它是會變動的，若

是像「台灣50」每年都穩定配息，當股價低檔沒漲到，股息殖利率就高（配息／股價 例如：2 元／50 元＝ 4% 股息殖利率），相反地，若股價已經漲好一波段股息殖利率就會下降（配息／股價，例如：2 元／70 元＝ 2.8% 股息殖利率）。

接著是「計價幣別」，因為 ETF 是在台灣股市交易，當然全部都是用新台幣計價，投資標的也是一個重要項目，前文有提及，買 ETF 只要抓大方向，不用像研究個股產業如此仔細，就是看這個欄位，投資區域主要是看國際市場，因為我們的 ETF 涵蓋國際股市、陸股、日股、美股、印度股市、港股，假設日後你覺得美股即將崩盤，就可以買美股反（S&P500 反 1），或是日後覺得印度經濟出現快速成長跡象就可以買印度股市 2X（漲兩倍）就是這樣多空靈活操作。

至於「標的指數」，說到這個就要特別小心，常聽見投資人說「陸股大漲，我的陸股 ETF 怎沒漲那麼多？」原因就是每一個 ETF 所連結的標的指數不太一樣，所以投資人要清楚手中 ETF 到底是跟著哪個指數跑？這可是差很大的唷！

最後一項是「成交量」，因為 ETF 檔數很多其中更不乏每天交量只在 100 張上下這些要避開，盡量找有量的 ETF 操作才不會出現流動性風險（要賣賣不掉的情況發生）。

人氣 ETF 分享

說到這兒，大家一定會想問睿涵：「如果你要買，你會選哪些ETF？」所以我知道不給答案是肯定不行的，因此我提出自己的一些看法與讀者分享（表1）。

表 1　人氣 ETF（代碼）

台股	台灣 50（0050）	高股息（0056）
	T50 正 2（00631L）	寶富櫃（006201）
	T50 反 1（00632R）	寶電子（0053）寶金融（0055）
陸股	一倍	寶滬深（0061）、FB 上証（006205）、元上証（006206）、深 100（00639）、深中小（00643）
	二倍	滬深 2X（006372）、上証 2X（00633L）
	反（跌）	滬深反（00638R）、上証反（00634R）
原料	原石油（00642U）	
	原黃金（00635U）	
外國股市	日股	FB 日本（00645）、日本 2X（00640L）、日本反（00641R）
	美股	S&P 500（00646）、S&P 500 正 2（00647L）、S&P 500 反 1（00648R）
	印度股	FB 印度（00652）、印度 2X（00653L）、印度反（00654R）

首先是台股相關 ETF：

▌台股相關 ETF

台股當中股票多達一千六百多檔，每次買一家公司股票就要研究其業績面、技術面、籌碼面、產業趨勢、股價慣性等，過程實在太複雜了，若再加上「有人早知道」的內線進行炒股，那散戶鐵定賠錢居多，與其這樣，不如買只要看大方向趨勢的 ETF 就好了。

只是與台股相關連結的 ETF 非常多，但也因為太多檔有些根本沒啥量，所以我篩選過，接下來將和大家分享「有量的」ETF。

(1) 台灣 50（代碼 0050）：ETF 家族中最知名的就是「元大寶來台灣卓越 50 基金」簡稱「台灣 50」，而之所以叫「台灣 50」，是因為當你買了一張「台灣 50」的股票 ETF，基金公司會拿這些錢去買台灣前五十大公司的股票，像是台積電、鴻海、台塑、南亞、聯發科等就是，拿台股權重最高的 50 檔標的物並編纂成「台灣 50」ETF，台灣上市公司雖有千家以上，但大小公司的市場價值差距很大，光台灣前五十大權重公司就佔了台灣上市公司總和 67% 左右，換言之，只要「台灣 50」漲，台股就定會漲。

結論就是「當你覺得台股日後會漲，就可以買『台灣 50』，因為它是台股的縮影，另外『台灣 50』穩定配息，近八年平均股息殖利率超過 3%，所以也適合中長線持有」（表 2）。

表 2 台灣 50（0050）近八年配息狀況

年度	股息（元）	股息殖利率（%）
2015	2	3.01
2014	1.55	2.43
2013	1.35	2.4
2012	1.85	3.54
2011	1.95	3.45
2010	202	4.02
2009	1	2.21
2008	2	3.9
平均	1.73	3.12

資料來源：Goodinfo！

(2) T50 正 2（代碼 00631L）：「T50 正 2」的漲跌幅約是「台灣50」的 2 倍，所以若你覺得操作「台灣 50」不刺激，那麼可買「T50 正 2」來滿足需求。結論就是「當你覺得台股日後會大漲，那就買『T50 正 2』吧，因為它是擴大台股漲跌幅的關鍵。」

(3) T50 反 1（代碼 00632R）：「T50 反 1」的走勢跟大盤完全相反，當大盤跌越多，它就漲越多，反之大盤漲它就跌。結論就是「當你覺得台股日後會跌就可以買『T50 反 1』，因為它是台股的相反指標。」

(4) 高股息（代碼 0056）：台灣高股息投資的是台灣前 150 家公司中，預期未來 1 年現金殖利率最高的前 30 檔股票來進行投資，簡單說就是前 30 名配股息最多的公司，觀察 2011 ～ 2014 年現金殖利率分別為 7.91％、5.33％、3.52％、4.17%。結論就是「當你只想做長期投資，每年固定領股息就好，那高股息 ETF 可以參考。」

(5) 寶富櫃（代碼 006201）：這是台灣第一檔店頭市場 ETF，「富櫃 50」採取追蹤「富櫃 50 指數」的被動式管理，成分股包括臺灣上櫃股票市值前 50 大的個股。結論就是「當你發現市場現在多頭重心在櫃買小型股，就可以參考寶富櫃 ETF。」

(6) 寶電子（代碼 0053）、寶金融（代碼 0055）：當台股出現電子股領軍主攻領盤往上衝，或金融股領軍帶盤往上攻堅，但你又不知道要買哪一檔電子股或金控股，就可以考慮寶電子和寶金融，但提醒大家要多注意成交量，若量不出，筆者也不建議進場多作著墨。

▌陸股相關 ETF

在這兒我就針對一倍、兩倍、反向類股等三大項來做論述。

(1) 一倍陸股 ETF：包括寶滬深＝滬深 300（代碼 0061）、FB 上証（代碼 006205）、元上証（代碼 006206）、深 100（代碼 00639）、深中小（代碼 00643）。寶滬深就是滬深 300ETF，追蹤滬深 300 指數，滬深 300 指數是由上海和深圳證券市場中選取 300 檔 A 股作為樣本編制而成的成份股指數，這些成分股佔深滬市場約八成的市值；FB 上証是具有中國 QFII 資格的 A 股 ETF，100% 直接投資中國 A 股上証 180 指數具市值代表性，產業覆蓋率高；元上証是追蹤上証 50 指數（上証 50 檔標的）；深 100 是追蹤深圳 100 指數（深證市場 100 檔指標股）；深中小是追蹤深証中小板指數。

結論就是「當你覺得陸股會大漲，而且是滬深兩市一起漲，那就參考寶滬深；當你覺得陸股會漲，但只有上証表現比較好，那就參考 FB 上証、元上証；當你覺得陸股會漲，但是深圳較剽悍，那就參考深 100。當你覺得陸股近期老是漲中小型股，那就參考深中小。」

(2) 兩倍陸股 ETF：滬深 2X（代碼 00637L）、上証 2X（代碼 00633L），結論就是「就是當你覺得陸股日後會飆漲，而且是滬深兩市一起漲，那就可以參考滬深 2X；如果你覺得陸股日後會飆漲，但只是上証表態而已，就參考上証 2X。」

(3) 反向陸股 ETF：滬深反（代碼 00638R）、上証反（代碼 00634R），投資方向與上面相反，結論就是「當你覺得陸股

日後會大跌，而且是滬深兩市一起崩盤，那就可以買進滬深反；如果你覺得陸股日後會大跌，但上証跌幅更慘，就可以買進上証反。」

另外，原物料市場「元黃金、元石油」以及外國股市，美股、日股、印度股市，不論正反的 ETF，結論就是「都頗適合具備國際觀的投資人著墨。」

 睿涵小叮嚀

人氣 ETF，看對趨勢趕緊把握進場時機。

看懂外資，運用 ETF 賺價差！

　　說到 2016 年第一季台股大漲超過千點行情，外資做多跡象還不止這些，包括連續買超視為台股縮影的「台灣 50ETF」（代碼 0050）超過三十天；同時連續賣超看壞台股的「T50 反 1」ETF（代碼 00632R），更誇張的是，台指期貨淨口數多單超過七萬口以上，這是期貨史上首見現象，所以更可以賭定外資極力看多台股？做多台股的企圖心非常強？絕對會將台股做到一波到頂？可惜，答案卻是「不一定」，因為外資在台股積極進行三手策略的套利，最終目的還是「為謀求自身獲利」，一旦日後賺飽了，又遇到國際有些風吹草動，馬上拍拍屁股走人，所以投資人還是要學會看懂外資準備落跑前的訊號，以及深入了解他的套利交易是如何進行的？

　　而外資的套利高超策略會被錢線專家給識破，關鍵則在於外資持續大賣「T50 反 1」，統計 3/9 ～ 3/18，外資共賣超「T50 反 1」ETF（指數股票型基金），短短八天賣超張數多達十六萬五千多張，但詭異的是，之前外資從未買進「T50 反 1」如此大量，他現在為何有那麼多股票可以賣出？就是這樣的疑問，才讓專家追出層層內幕，結論就是「外資大賣『T50 反 1』並非真心做多台股」，以下容我說明外資三手套利交易策略，大家就可以明白了。

　　大前題是，外資發現「T50 反 1」有溢價空間，所謂溢價就是每天台股黑板上的市價高過投信發「T50 反 1」的基金淨值，接下來外資就

跟投信公司申購便宜的「T50反1」ETF，因為外資申購是用淨值買（價格便宜），然後外資再從市場用比較貴的市價賣出「賺價差」這是第一手套利交易。補充一點，外資倒出來的「T50反1」常見到被八大官股行庫及散戶給買走，從融資大增可以看得出來，官股行庫買「T50反1」解釋是，之前護盤所以手上仍有很多股票，預防日後台股從高點墜下，屆時「T50反1」就會大漲，抵掉手上股票的虧損，這叫做「避險」。

第二手套利交易和發行「T50反1」的投信業者有關，依照規定，「T50反1」淨值規模越大，發行者（元大投信）期貨空單部位就要增持（因為『T50反1』是看壞台股），所以「T50反1」市值一旦擴大，元大投信就要大舉加碼「空單」，如果同時間伴隨現貨（台股）大漲，期貨因為空單總部位大，漲不動就會形成逆價差（期貨價格低於現貨（台股）擴大），這時後，聰明的外資就趕緊低買期貨多單，才會出現逾七萬口期貨淨多單，因為台指期貨是一個月結算一次，結算當天期貨價格會和現貨價格貼於一致，所以外資之前佈局的期貨多單在結算日又可以賺期貨逆價差收斂的利潤，這是外資第二手的套利交易「賺價差」。

外資因為嚐到兩頭「賺價差」的好處，總希望再多賺一點（誰會嫌錢賺太多？嘻嘻……），因此用第三手「借券『T50反1』，然後再從市場上用貴的市價賣出」，這是外資第三手的套利交易「賺價差」。從借券市場那段期間偶爾出現借券超過百億元的情況，即可得到該論數點的證明。

或許外資會說：「你管我用幾手策略套利，我有錢而且每個方法都符合台灣金融市場規定，能獲利賺錢是我本事，你們台灣散戶們有啥好抱怨……？」我承認這種說法沒錯，但是，金管會或證交所可曾思考過，台灣投資人就是錢少，也不知道有哪些活用管道可以套利，才會導致外資套利大賺錢。散戶住套房大賠錢，傷了台灣投資人就等於

是傷了股市資本市場，散戶賠錢大家撤離不玩了（意指台股自然人參與率創歷史新低），台股只剩外資法人（意指台股外資持股率創新高）和政府基金兩大玩咖，籌資市場意義何在？況且保護投資人和散戶，不也是金融主管機關重要職責之一嗎？

接下來這個單元，我覺得是本章節中最重要的部份，因為外資法人常運用 ETF 的淨值和市價之間的價差（折價、溢價）來進行套利交易，而非真正看多台股（買進「台灣 50」或「T50 正 2」等）或看空台股（買進「T50 反 1」等），但要如何看懂外資運用 ETF 賺價差？我畫了二張圖示給大家參考，這樣配合著看圖就比較明瞭，就像看《錢線百分百》時，我用白板畫給大家看是一樣的道理。

以前市場見到外資「賣 T50 反 1」和外資「買台灣 50 和 T50 正 2」就會解讀是看多台股，大家原本都這麼認為，但事實卻是「不盡然！」

記得有一次在節目中，專家林漢偉一句話把我和觀眾們狠狠打醒，漢偉發現 2016/3/9 之後，外資狂賣十多萬張「T50 反 1」，但往前看，專家說「……外資之前並沒有買進這麼大量的『T50 反 1』，那請問，手上哪來如此多的『T50 反 1』可以賣！？……」節目進行的當下，我真有被「一棒子打醒的感覺」，當晚節目中漢偉將外資套利手法說清楚之後，不料隔天早上開盤前，竟然引起市場一陣譁然，發行「T50 反 1」的投信一早電話接不完，投資人拼命打電話到投信公司詢問相關細節，連證券業從業人員都熱烈討論其套利運做手法，從此之後，投資人就更清楚外資是如何運用 ETF 賺價差（圖 1）。

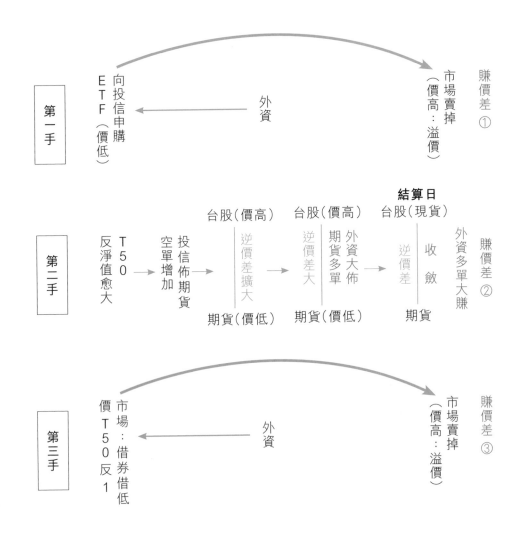

圖 1　外資「T50 反 1」ETF 三手套利策略

何謂「溢價套利賺價差？」、「折價套利賺價差？」

　　本章節一開始就跟大家說過，所謂 ETF 股票指數型基金，最源頭是必需由一家投信業者來推出這個「基金」，既然是基金就會有「淨值」，然後這家投信又將此基金到交易市場掛牌，這就是你熟悉的每天可以交易買賣的 ETF，因為擁有二種身分，所以投資人想擁有這個基金也有二個管道，一是向該投信申購；二是在股市中買入，簡單說就是一個基金，在兩個市場交易，擁有兩個身分，當然就有兩個價格，不過最終主體是「投信旗下的這檔基金」，換句話說該基金的淨值才是最終價格，所以，所謂溢價或折價都是跟基金淨值做比較。

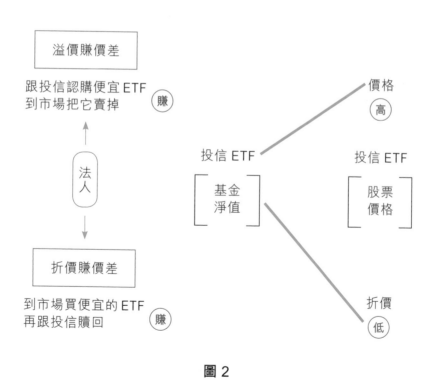

圖 2

從（圖2）中可以看出，當市場黑板中 ETF 的股票價格「高過」投信 ETF 基金淨值，這就叫做「溢價」；相反地，當市場黑板中 ETF 的股票價格「低於」投信 ETF 基金淨值，這就叫做「折價」，投信 ETF 基金淨值每天都會變，市場中 ETF 的價格也是每天波動，所以每天折溢價幅度都在變動，最正確的資訊要每天登入發行的投信業者網站進行查詢才行。

待弄懂折溢價之後，接下來就要告訴大家啥是「溢價套利賺價差」？當外資法人見到兩邊 ETF 出現溢價情況，外資就會跟投信認購便宜的 ETF 然後到市場把這些 ETF 賣掉（代表溢價：市價 > 淨值）賺價差；至於啥是「折價套利賺價差」？情況則好相反，當外資法人見到兩邊 ETF 出現折價（意指淨值 > 市價）情況，外資就會到市場買便宜的 ETF 然後再跟投信進行贖回（意指給投信 ETF，外資再拿回現金報酬）賺價差。

ETF 的兩種套利示範

睿涵接著舉例來為大家做說明，如果 ETF 是溢價或折價，到底外資是如何操作套利空間的[1]？

溢價 ETF 套利示範

再次強調溢價是市價 ETF 價格「高過」ETF 基金淨值，當出現 ETF 溢價時，外資可以運用的操作策略，第一種是：外資先借券放空「台灣 50ETF」放空價格在 65 元→接著從市場買入「台灣 50」成份股→將買入的一籃子「台灣 50」成份股向投信換成淨值 62 元的「台灣 50」ETF →然後用換得的 62 元 ETF 還券「賺價差 65 － 62 元＝ 3 元，報酬率 4.6%」。

當出現 ETF 溢價時，外資可運用的操作策略，第二種是：拿錢跟投信認購 62 元的「台灣 50」ETF →到市場把認購的「台灣 50」ETF 以 65 元賣掉→這一買一賣「賺價差 65 － 62 元＝ 3 元，報酬率 4.6%」（圖 3）。

■ 折價 ETF 套利示範

再次強調折價是市價 ETF 價格「低於」ETF 基金淨值，外資運用手法是。62 元從市場上買入「台灣 50」ETF →拿市場低買的 62 元「台灣 50」ETF 跟投信贖回→因為投信「台灣 50」的基金淨值是 65 元，贖

ETF 套利示範

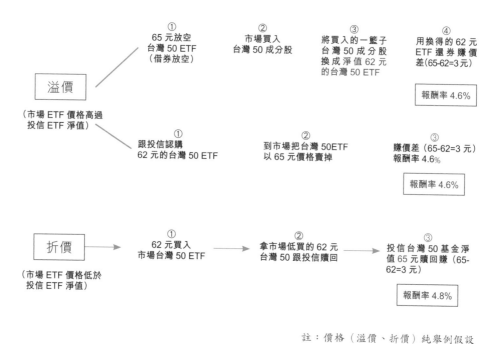

註：價格（溢價、折價）純舉例假設

圖 3

回「賺價差 65 － 62 ＝ 3 元 報酬率 4.8%」（圖 3）。

 睿涵小叮嚀
外資常用 ETF 折溢價賺套利價差。

哪些人適合投資 ETF？

投資 ETF 可以分散風散、資訊透明、成本低廉、交易便利、趨勢投資等多重優點，所以適合族群非常廣，從散戶到專業投資者都可以運用 ETF 為自己的財富加分，可說是個相當大眾化的投資選擇！你也想投資 ETF？你適合投資 ETF 嗎？根據國泰投信的一份研究報告，ETF 非常適合以下這五種人投資：

▌ 上班族

平時工作太忙碌，沒時間每天進出買賣股票，更別提研究某公司的產業趨勢、財報、基本面等，如果有偶爾檢視資金配置就不錯了，只是多數上班族即使工作忙碌，但對於台灣經濟景氣仍很關心，因為如果景氣變壞，上班族可能工作不保，所以這樣的上班族很適合投資 ETF。

▌ 菜籃族

常常從市場中聽明牌，但又怕是陷阱，最後追在最高點，市場謠言消息滿天飛卻無法判斷這個消息可靠性與否？只想穩定的投資幫家裡賺點買菜錢、零用金，話說這樣的菜籃族最適合投資 ETF。

▌ 專業投資客

對於產業趨勢具有高度敏感性的投資者，往往會追逐該產業趨勢

向上股價有機會快速竄高的個股，這時便可藉由穩定度高的 ETF 來建立投資組合的避險部位。

再者，台股上漲可能是類股輪動的模式，專業投資人如果沒捉緊這類股輪動脈絡，就會出現「看對市場卻買錯標的物」的窘境，所以專業投資族也適合投資 ETF。

▋ 懶人一族

不喜歡研究個股或是不想每天盯著股票看，但卻也想投資賺錢的人，即可利用 ETF 達到事半功倍的效果。

▋ 退休人士

風險承受度低，因為是僅有的財富絕不可以出現投資輸光光、沒錢過生活的窘境，所以退休族不適合波動度高的投資商品，而追蹤指數的 ETF，正是長期資金的不錯選擇。

> 💡 睿涵小叮嚀
> 上班族、菜籃族、專業投資客、懶人一族及退休人士，
> 上述五種族群最適合投資 ETF。

第五章

揮別詭譎金融局勢，
展望未來十年！

時間來到 2016 年的第四季了，從歲末年梢來看，2016 年確實是一個兵荒馬亂的一年，也是全球經濟開始步入寒冬的年份，但筆者相信生命自會為自己走出一條生路，所以我大膽預測，2017 開春以後，全球經濟將會開始真正解凍回暖。而與「人」息息相關的各行各業，更將是逢春、冒新芽的商機所在！

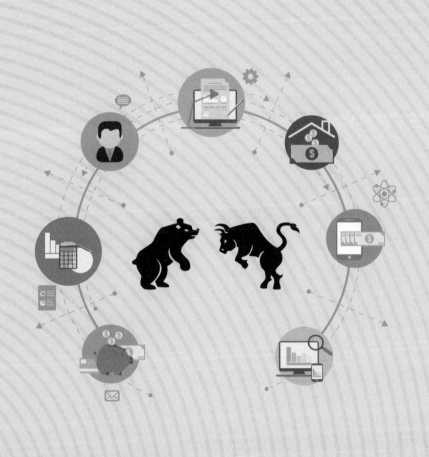

全球經濟像沒氣的球！

回顧 2016 年全球經濟，感覺像是一顆沒充氣的籃球，全世界在疲弱經濟影響下屢創壞紀錄，我個人認為以下這四大面向是最重要的部份，在此與大家分享。

油、硬原料破底反彈

首先，2015 年因為中國大陸的產能過剩，導致鐵、鋁、銅等硬原料紛紛創下歷史新低紀錄，直到 2016 年初，中國供給側改革大量去產能下，這些原料價格方才出現破底反彈，包括油價在一月見到每桶 26 美元新低後，開始往上反彈，但大家是否有注意到價格上漲的問題？它純粹是供給面的遞減，而非需求端的升高，所以，原物料的漲勢是不穩定的，日後只要美元因為聯準會升息而轉強，原物料修正壓力將會再次浮現，所以，現在說這些硬原料或油價市場由空轉多，其實言之過早！

除非全球經濟真正復甦、轉好……。

軟原料、農產品飆漲

2016 年的農產品市場其實是相當悲慘的一年，聖嬰現象為東南亞

地區帶來異常高溫，導致降雨減少，全球第二大糖出口國泰國和全球第二大產糖國印度均受影響，糖市供應疑慮導致糖價飆漲，紐約 ICE 期貨市場的原糖期貨，和倫敦 ICE 歐洲期貨的白糖期貨紛紛創下 2012 年 10 月以來新高。

另外，越南湄公河三角洲是主要稻米產區，近年卻面臨了繼 1926 年以來有紀錄的最嚴重乾旱，乾硬農地隨處可見巨大裂縫、枯死的稻梗，稻農們難過表示：「往年收成 1.4 噸，今年一個月的收成則只剩一袋……」，聯合國甚至提出警告，聖嬰氣候現象造成嚴重破壞，全球會出現約 6,000 萬人需要援助，但資金短缺會威脅救命物資運送，聖嬰現象造成的乾旱衝擊最強一波還在後頭……[*1]。

倒債、倒閉企業創紀錄

很難想像，大量企業倒債或倒閉情況竟然集中在中國和美國，大陸供給側改革大量去產能下導致一些原料廠（例如鋼鐵廠）倒閉，至少逾二十二家企業倒債，其中 70% 是大型國企，陸企貨款開票天數更是長達八十三天，這可是十七年來最長的天數紀錄。另外，美國出問題的則是頁岩油商，2015 年初至今（2016 年中）美國與加拿大石油、天然氣企業已有六十三家宣告破產、總負債金額高達 225 億美元，中型頁岩油鑽探公司 Goodrich Petroleum 因無力償還 5 億美元債務、於 4 月中旬申請破產保護，Energy XXI 也因為無力償還利息而倒閉，受到多家頁岩油廠商倒閉影響、美國原油產量降至 2014 年 10 月以來最低水準，即便油價回升至 50 ～ 60 美元，半數頁岩油廠商仍無力繼續存活下去。

負利率時代來臨

因為經濟衰退，央行為了讓經濟成長，刻意降息或保持低利率，好讓資金寬鬆下可以刺激消費和投資（低利率貸款負擔也變輕），但實際上，經濟並沒有因為低利率或負利率而轉好，因為世界各國經濟皆差，企業擔心未來投資風險所以不想多投資，換句話說，低利率也沒用，經濟市場真正欠缺的是「投資動能和投資機會」。

而正當全球經濟仍低迷，但炒作風氣卻在悄悄興起，在日本和歐元區祭出負利率[2]後，英國央行也在脫歐確定後，七年來首次降息，將基準利率降至 0.25%，全球負利率和低利率的國家太多，就會造成國際游資[3]泛濫，進而轉向炒作匯率市場，做多美元和日圓，同時做空人民幣，而中國也在持續降息後，房價出現熱錢炒作下的上漲軌跡。

> 💡 **睿涵小叮嚀**
> 缺乏投資機會，負利率也沒用！

註

[1] 筆者文稿時間 2016 年 7 月。

[2] 負利率是指 CPI（消費者物價指數＝通膨率）的漲幅超過一年期存款利率，即「實質負利率」，銀行存款所獲得的利息不足以支付物價上漲，貨幣購買能力下降，出現貶值現象，甚至有些國家像是日本、歐洲，因為負利率，民眾錢存銀行不旦沒有利息錢還要付保管費給銀行（銀行幫你保管 1 年的錢）。

[3] 熱錢（Hot Money ／ Refugee Capital）又稱游資或叫投機性短期資本，只為追求最高報酬以最低風險而在國際金融市場上迅速流動的短期投機性資金。

未來十年，中國影響力加劇！

「中國這兩年（意指 2015～2016 年）經濟都不好，中國未來是否還能保住全球 G2 地位？陸股從 2015 年的 5200 點以上高點，摔到 2016 年的 3000 點（上證指數）左右，說起人民幣更扯，大家都說，相較於世界其他國家，中國經濟相對還算強，人民幣國際化也將越來越確定，所以人民幣一定是升值趨勢，但結果顯示（圖 1），人民幣這三年（2014～2016 年）從 6 元重貶到近 7 元，貶幅近一成，這到底是什麼情況？害我們投資 TRF [*1] 賠到脫褲子……」

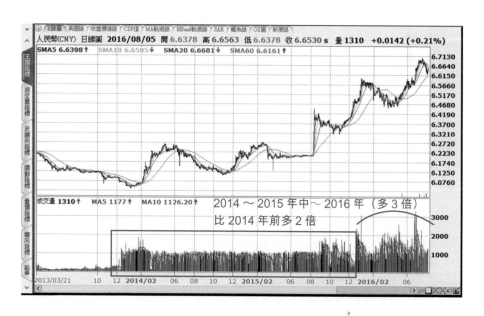

圖 1

確實，偶爾還是會聽到市場投資人這樣抱怨，但大家是否發現一個奇怪地方？就算中國股匯市全部走弱，但卻沒有看到任何一篇國際經濟評論報告「否定」中國未來可能的正向發展，這算矛盾嗎？其實並不！因為大家認為這只是中國經濟轉型的過渡期，在中國官方強勢的計畫經濟下，中國經濟最終還是一定會回到常軌。而筆者大膽推估，快則 2017 年，慢則 2018 年，中國經濟就會見到起色，屆時對全球經濟的影響力將會越來越大，甚至影響層面可能還會大過美國經濟對全世界的影響程度。

中國經濟發展兩大困境：轉型、債務

前文曾經說過，市場多數人認為這只是中國經濟轉型的過渡陣痛期，但是中國經濟轉啥型？在此請容睿涵往下說清楚……中國高層在經歷 2008 年全球金融海嘯後，正式決定要讓中國經濟大轉彎，從「世界工廠」轉型為「世界市場」，也就是從以前的製造業出口導向為主的經濟體，轉型成為以服務業為主的內需消費市場經濟體，至於結論是否有成功？且讓數字說說話：

(1) 中國經濟第一階段：1980 ～ 2008 年，這段期間運用低成本（人工便宜、土地便宜、水電稅負便宜……）生產，電子拼裝製造出口，此時民間消費佔 GDP45%，資本形成[*2]佔 GDP35%，造就 2 位數字 GDP 成長的「世界工廠」。

(2) 中國經濟第二階段：2008 ～ 2016 年，因為見到 2008 年後經濟成長率不再保住 2 位數字的穩定成長後，中國人行（央行）政策保持資金寬鬆，放大銀行授信放款，讓市場大量投入工業硬體、地方建設，硬撐起來經濟可以在 2009 ～

2011 年間讓 GDP 保持 10% 上下，但這樣寬鬆政策下也帶來產能過剩的後遺症，鋼鐵、水泥等高污染產業出現過度投資，才讓官方不得不在 2015 下半年到 2016 年，進行供給側改革，大幅去產能（放任小廠倒閉，緊縮中小企業貸款，甚至整併大型國有鋼企），然而結果？這段期間民間消費佔 GDP 從 45% 降至 40% 以下，資本形成佔 GDP 從 35% 擴至 45% 以上。

試想，如果中國經濟要從「世界工廠」轉型為「世界市場」，那麼民間消費佔 GDP 的比重應該大幅拉高，資本形成佔比應該下降，結果剛好相反，這證明，中國政策希望將中國經濟從「世界工廠」轉型為「世界市場」，截至 2016 年為止並未見到成功訊號。

(3) 中國經濟發展第二大困境是債務：民間、企業債台高築，中國將會出現「信貸泡沫」？這要從第二階段（2008～2016 年）說起，因為資金寬鬆，放大銀行授信放款，因為民間借貸成本低，大家拼命跟銀行借錢，反正利息低，隨著就出現銀行過度放貸情況，中國民間和企業總債務從 75 億美元爆增至 210 億美元（是前年整年債務的三倍），官方推估，因為違約無法支付還款的比例約 5%，但民間金融機構預估是 15% 以上，銀行債務收不回來可是要列「呆帳、壞帳」提列的，其中不乏大型國企也出現倒債的危急現象。

外資穆迪便表示，北京政府不再企業每倒必救，只要是不屬策略性產業（力推的產業，例如科技、半導體等）將得不到北京關愛眼光，中國政府會放任其「倒下」這就是供給側改革下的犧牲品，現在憂心的是，企業倒債情況惡化的這把火已經燒到銀行端。

倒債問題牽動 2017 年中國經濟

　　不要以為企業倒債問題，中國也可以用人為方式控制下來，我個人倒是認為能做的很有限？因為已經燒到會動搖國本的銀行業，它將是個惡性循環，是否引爆 2017 年中國信貸泡沫？則需要仔細觀察，而這也是 2017 年中國經濟最大變數！

　　睿涵研判，或許是因為這個因素，導致中國 2016 年 GDP 不理想，甚至說到 2017 年，中國高層和國際經濟評論都不敢太樂觀中國經濟的主要原因吧！而債務問題敏感，大家見到的情況是否只是冰山一角？中國政府又掩蓋了多少？這些都值得大家思考。只是，企業倒債問題為何會擴散到這麼嚴重？我試著把循環邏輯跟大家推論：

(1) 民間、企業倒債→銀行壞帳快速竄升，銀行不支倒地？（中國銀行、中國農業銀行、中國工商銀行、中國建設銀行、交通銀行（中、農、工、建、交）當然不會倒，也不能倒，但二、三線城市的區域金融機構、影子銀行……一個個倒下，金融業可是牽一髮而動全身的）。

(2) 企業信評被降→企業籌資更困難。

(3) 企業無法籌資就會減少投資，大環境景氣差也不想投資→國內就業機會就變少→民眾沒工作或失業當然沒錢→收入降低購買力自然減弱→大家不買東西企業業績更差→企業倒債情況更擴大。

　　所以 2017 年要多觀察中國官方如何處理企業倒債問題？地方金融倒閉情況嚴重？這是否會擴散成為全中國信貸泡沫危機？還是，中國高層厲害，完全掌控不會爆發任何危機？

睿涵小叮嚀
經濟轉型成功＋企業倒債問題平息＝中國 GDP 回穩

註

＊1　目標可贖回遠期契約（Target Redemption Forward；TRF）是一種人民幣衍生性金融商品，
央行將其分類為選擇權類的商品，交易方式是銀行與客戶對「未來匯率走勢」進行押
注，客戶和銀行買一個選擇權、賣一個選擇權，當客戶進行匯率單邊走勢的押注押對
方向，獲利是「本金 X 匯差」；賭錯方向，虧損除了價差乘上本金外，還須乘上槓桿
倍數「本金 X 匯差 X 槓桿倍數」，TRF 設計是客戶的累積獲利達一定條件，銀行不玩
時就可以出場，但是當客戶賠錢時必須等到合約到期（多數合約是兩年期 100 萬美元）
才能結束。（這樣遊戲規則似乎對投資人不公平，所以國內 TRF 風暴後金管會有修改
TRF 合約條款內容，多數銀行也不太敢賣）

＊2　資本形成，是指社會中用之於生產資本品：工具和儀器、機器和交通設施、工廠和設
備一各式各樣可用來大大增加生產效能的真實資本（Real Capital）。

暴量、劇烈震盪的人民幣！

隨著中國經濟結構的調整，相信中國經濟應會逐漸走穩步調，屆時，全世界各國及各大企業和中國做生意的情況只會愈來愈頻繁，人民幣的全球使用量也將會越來越大，這將意味著人民幣的國際地位逐漸確立、穩固，進而取代美元？筆者現在並不知道，但美元的國際影響力絕對會因為人民幣的茁壯而式微，所以未來十年人民幣的走向和可能面臨到的問題，筆者認為便有必要在這裡做說明。

其實研判人民幣多空並不難，只要捉住中國高層心態，就有八成把握知道人民幣未來走向，筆者先帶大家從人民幣價量所透露出來的訊號來讀出中國人行的想法，（圖1）是人民幣月 K 線，每根棒子是一個月，這樣才看得出長時間（十年以上）人民幣趨勢，2005 年人行決定進行匯改 [*1] 人民幣就像脫韁野馬似地，快速從 8.3 元（8.3 元人民幣：1 美元）急升到 2014 年的 6.04 元人民幣，這價位創下人民幣有史以來新高，九年時間強升 27%，平均每年升 3%，升幅可說相當驚人，這是第一階段人民幣用強升回應匯改。

正當 2014 年全世界都看升（做多）人民幣時，甚至已有外資喊到5 元人民幣（不管任何市場，最高、最低時，外資看的價位都不會到，想想：沒錯吧！（外資：宏達電 1,800 元，嘻……）接下來「跌破全世界人的眼鏡」，人民幣就從 2014 年的 6.04 元歷史新高開始轉貶，貶到2016 年的 6.6 元，兩年內的貶幅高達 9.2%，平均每年重貶 4.6%。至於第

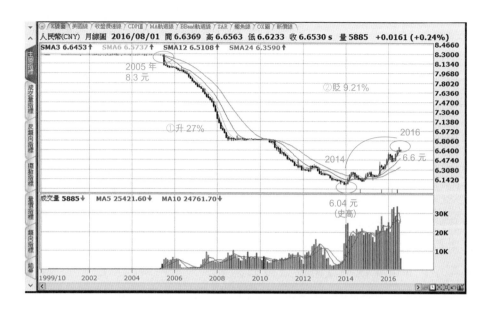

圖 1

二段人民幣的貶速，可比第一段人民幣的升速更猛，結果導致市場譁然，人人一頭霧水，頻頻追問「怎麼會這樣？」其實道理很簡單，因為根源在「中國經濟強？弱？」，只是這又是什麼意思？

2005 ～ 2014 年，人民幣之所以從 8.3 元強升 27% 來到 6.04 元，主因是反應大陸 GDP 很強，九年時間下來，中國 GDP 平均增幅 9 ～ 14%，對中國政府而言這無異是一種驕傲，放眼全世界，有哪個國家能做出這般傲人的 GDP 成績？而為了凸顯強國該有的強勢貨幣，官方當然樂見人民幣強升！

2014 ～ 2016 年，人民幣從 6.04 元重貶到 6.6 元，貶幅 9.2%，大家不用意外！就看看 GDP 吧，這個結果恰好反應了這兩年 GDP 走弱，2014 年 7%、2015 年 6.8%、2016 年保 6 ？這時，人民幣開始陷入兩難，也正式考驗人行應變能力，如果中國央行一心拉升人民幣國際地位，這樣人民幣就應該繼續升值；不過，考量到經濟持續不振，正常情況

應該以貶值救出口才是，直到最後，答案揭曉：人行選擇「先貶值」救出口，然而重點是，結束了 2016 年進入 2017 年和未來十年，中國人民幣又該怎麼表現？

　　個人揣測，如果中國經濟仍疲弱，官方仍會先救中國經濟成長率 GDP，也就是先推貶人民幣，待日後 GDP 穩定後再來思考人民幣的國際地位。中華經濟研究院 2016 年報告指出，人民幣未來應該朝向小幅升值，畢竟中國在國際地位的提升，確實應該反應其應有價值，但一定要小心，人民幣日後波動區間一定會超過 0.5%，2016 上半年人民幣波動幅度約 0.2 ～ 0.3%，人民幣每天的高低點落差是 0.001 人民幣，結果顯示，2016 年中英國脫歐公投通過後，人民幣瞬間重貶，一天貶幅達 0.5 ～ 0.7%，高低落差有 0.05 人民幣之多，震盪幅度較以往成長 50 倍，筆者相信日後人民幣震幅只會更大不會縮小，理由很簡單，因為人民幣已經成為全球關注的焦點貨幣，當英國決定脫歐（歐盟）後，英鎊國際地位絕對逐漸式微，人民幣很可能繼美元、歐元、日元等國際主要流通貨幣之後，取代英鎊成為全球第四大國際流通貨幣。而當全世界對於人民幣使用量不斷攀高的同時，人民幣市場每天爆量劇烈震盪恐怕將會成常態！

　　其實，從 2016 年民幣匯市成交量幾乎是 2014 年前的十倍左右的情況來看，就可以證明並支持筆者的推論，日後人民幣匯市未來只會更加滾量大震盪，至於人民幣爆量的主因則有：

(1) 中國市場逐漸開放：像是 MSCI 納入大陸 A 股等，所以未來十年，全球參與中國股匯市的人數絕對會持續增加。

(2) 吸引國際熱錢炒作：任何市場都一樣，只要熱起來就容易吸引炒家、禿鷹舐血，2016 金融巨鱷索羅斯直接嗆聲放空狙擊人民幣，人行還跳出來回擊，而在市場多空對戰下，

量怎麼可能不放大？而這樣的情況，未來十年只會更常出現……。

(3) 大陸民眾賣股票，轉增持人民幣：陸股 7～8 成都是散戶組成，大家千萬不要小看這群螞蟻雄兵的威力，當陸股兩融（融資融券）陸續退潮時，伴隨而來的就是：陸股下跌或漲不動、房地產開始漲價、匯市持續爆大量，大陸人從炒股轉向炒房或炒匯？

(4) 朝向國際流通貨幣：各國央行在外匯部分一定都會增持人民幣。

(5) 國際貿易商用人民幣：這一點非常重要，世界各國現在都搶著跟中國做生意，因為中國經濟要轉型為世界市場，國內的消費需求只會愈來愈大，世界各國貿易商和中國做生意時，如果訂單報價、商品訂價、簽約等都從以前的美元、歐元變成人民幣，如此一來就只會更加速提升人民幣的國際地位。

(6) 全球人民幣商品變多：當人民幣成為國際主要流通貨幣時，各國投資銀行就會設計更多與人民幣相關的金融投資商品，像是台灣期交所就推出「人民幣匯率期貨」和「人民幣匯率選擇權」。

睿涵小叮嚀
人民幣匯市未來將更加滾量震盪。

註

＊1 中國央行（人行）於 2005／7／21 宣佈實行以市場供需為基礎、參考一籃子貨幣進行調節、有管理的浮動匯率制度，市場用「匯改」稱之。

請做好人民幣避險準備……

可預見的是，未來十年，國人不論是做貿易的進出口貿易商，或只是純粹投資金融商品的散戶，日後接觸人民幣的機會只會愈來愈多，所以，學會人民幣避險管道肯定非常重要，筆者在此就舉幾個人民幣匯率期貨的例子供大家參考：

台灣期交所推的人民幣匯率期貨有兩個合約規格，一是「大美人」契約（表 1），規格是 10 萬美元，保證金 13,640 人民幣（約 6.8 萬元新台幣）。

表 1 「大型美元兌人民幣匯率期貨契約」（大美人）

項目	內容
交易標的	美元兌人民幣匯率
中文簡稱	大型美元兌人民幣期貨
英文代碼	RHF
交易時間	本契約之交易日與銀行營業日相同 交易時間為營業日上午 8：45 ～下午 4：15 到期月份契約最後交易日之交易時間為 上午 8：45 ～上午 11：00
契約規模	100,000 美元

契約到期 交割月份	自交易當月起連續兩個月份,另加上 3、6、9、12 月中四個接續季月,總共六個月份的契約在市場交易。
每日結算價	每日結算價原則上採當日收盤前 1 分鐘內所有交易之成交量加權平均價,若無成交價時,則依本公司「美元兌人民幣匯率期貨契約交易規則」訂定之。
每日漲跌幅	最大漲跌幅限制為前一交易日結算價上下 7%
報價方式	每 1 美元兌人民幣
最小升降單位	人民幣 0.0001 元 / 美元(人民幣 10 元)
最後交易日	最後交易日為各該契約交割月份第三個星期三,其次一營業日為新契約的開始交易日。
最後結算日	最後結算日同最後交易日
最後結算價	香港財資市場公會在最後交易日上午 11:30 公布之美元兌人民幣 (香港) 即期匯率。
交割方式	現金交割,交易人於最後結算日依最後結算價之差額,以淨額進行人民幣現金之交付或收受。
部位限制	交易人於任何時間持有本契約同一方之未了結部位總和,不得逾本公司公告之限制標準。 法人機構基於避險需求,得向本公司申請放寬部位限制。 綜合帳戶,除免主動揭露個別交易人者適用法人部位限制外,持有部位不受本公司公告之部位限制。
保證金	期貨商向交易人收取之交易保證金及保證金追繳標準,不得低於本公司公告之原始保證金及維持保證金水準。 本公司公告之原始保證金及維持保證金,以「臺灣期貨交易所結算保證金收取方式及標準」計算之結算保證金為基準,按本公司訂定之成數加成計算之。 交易人因人民幣保證金追繳及虧損,應繳交之保證金得依其與期貨商之約定,以新臺幣或其他本公司公告之外幣收付,並由期貨商代為結匯為之,其結匯作業應依中央銀行「外匯收支或交易申報辦法」相關規定辦理。

資料資料:期交所

另一個則是「小美人」契約（表2），規格2萬美元，保證金2,840人民幣（約14,200萬元新台幣），契約規格很重要，因為它是你最後計算投資人民幣期貨賺賠的基礎；保證金則是你想要操作該期貨商品之前，戶頭一定要準備的資金，保證金若不足，那麼你是無法操作期貨的。

至於人民幣匯率期貨操作技巧與口訣則是「貶買升賣」：

人民幣貶→數字變多（假設6元貶至7元）→做多（買6元賣7元）→「貶買」。

人民幣升→數字變少（假設6元升至5元）→做空（賣6元買5元）→「升賣」。

筆者接下來就舉實際案例告訴你，投資人民幣匯率期貨的賺賠：

例1：

6.5元人民幣→貶到6.6元人民幣（貶買～多單）

$$\frac{共賺0.1元人民幣}{美元} \times 10\,萬美元（契約規格）=獲利1萬元人民幣$$

例2：

6.6元人民幣→升到6.5元人民幣（升賣～空單）

$$\frac{賺0.1元人民幣}{美元} \times 10\,萬美元（契約規格）=獲利1萬元人民幣$$

另外一個人民幣避險管道就是「人民幣匯率選擇權」，即使選擇權

有四個選項，但真正多空方向還是只有兩個，大家只要記住「正正＝正；負負＝正」也就是買買權＝賣賣權→看多，看多就是，數字變多＝貶買＝做多。

相反的，正負＝負；負正＝負。買賣權＝賣買權→看空，看空就是數字變少＝升賣＝做空。

表 2 「小型美元兌人民幣匯率期貨契約」（小美人）

項目	內容
交易標的	美元兌人民幣匯率
中文簡稱	小型美元兌人民幣期貨
英文代碼	RTF
交易時間	本契約之交易日與銀行營業日相同 交易時間為營業日：上午 8：45 ～下午 4：15 到期月份契約最後交易日之交易時間為：上午 8：45 ～上午 11：00
契約規模	20,000 美元
契約到期交割月份	自交易當月起連續兩個月份，另加上 3、6、9、12 月中四個接續季月，總共六個月份的契約在市場交易。
每日結算價	每日結算價原則上採當日收盤前 1 分鐘內所有交易之成交量加權平均價，若無成交價時，則依本公司「小型美元兌人民幣匯率期貨契約交易規則」訂定之。
每日漲跌幅	最大漲跌幅限制為前一交易日結算價上下 7%
報價方式	每 1 美元兌人民幣

最小升降單位	人民幣 0.0001 元 / 美元（人民幣 2 元）
最後交易日	最後交易日為各該契約交割月份第三個星期三，其次一營業日為新契約的開始交易日。
最後結算日	最後結算日同最後交易日
最後結算價	財團法人台北外匯市場發展基金會在最後交易日上午 11：15 公布之臺灣離岸人民幣定盤匯率。
交割方式	現金交割，交易人於最後結算日依最後結算價之差額，以淨額進行人民幣現金之交付或收受。
部位限制	交易人於任何時間持有本契約同一方之未了結部位總和，不得逾本公司公告之限制標準。 法人機構基於避險需求，得向本公司申請放寬部位限制。 綜合帳戶，除免主動揭露個別交易人者適用法人部位限制外，持有部位不受本公司公告之部位限制。
保證金	期貨商向交易人收取之交易保證金及保證金追繳標準，不得低於本公司公告之原始保證金及維持保證金水準。 本公司公告之原始保證金及維持保證金，以「臺灣期貨交易所結算保證金收取方式及標準」計算之結算保證金為基準，按本公司訂定之成數加成計算之。 交易人因人民幣保證金追繳及虧損，應繳交之保證金得依其與期貨商之約定，以新臺幣或其他本公司公告之外幣收付，並由期貨商代為結匯為之，其結匯作業應依中央銀行「外匯收支或交易申報辦法」相關規定辦理。

資料來源：期交所

 睿涵小叮嚀
人民幣期貨避險「貶買、升賣」。

NO.5 抓住未來十年，全球四大商機！

　　隨著科技進步和政治經濟快速轉變，十年後的世界、台灣會變成怎樣，沒人可以精準預測，但可以確定的是，與前幾世紀相比，日後社會變遷的變數將更複雜，面對不確定的未來，年輕人缺乏安全感，高科技大企業也有很大危機感，為了讓台灣每個領域的人都可以免除恐懼感，資策會產業情報研究所（MIC）、工研院產業經濟與趨勢研究中心（IEK）和中華經濟研究院國際所、台灣經濟研究院，聯合發表《2025 台灣大未來》。

　　而該書中便提及，2025 年的世界將會出現「57% 的人口聚集在城市，28 億人面臨嚴重缺水問題，4.1 億亞洲人飽受洪水之苦，8.5 億人是超過 65 歲的銀髮族，「9034 現象」[*1] 缺子少孫蔚為風潮，中國大陸的網路消費，將達整體零售額 20%，生物科技、智慧型材料、微型化與資通訊技術持續發燒」。

　　而全世界正朝以下八大趨勢移動發展中：

趨勢 1：高齡化、少子化、人口往城市集中。
趨勢 2：高度全球化，新興經濟體崛起。
趨勢 3：電子商務國際化，資安事件層出不窮。
趨勢 4：創新的原動力：跨領域科技整合。
趨勢 5：區域經濟成常態，中國與印度國力增強。

趨勢 6：吹起綠色環保風，精密製造成為新潮流。

趨勢 7：資源效率再提升：水、石油與糧食。

趨勢 8：天然性的災害，經常伴隨人為災難。

順著以上八大趨勢，商機也跟著應運而生，以下我將盡可能地想到未來十年的機會與商機，與大家分享：

▋ 老人化商機

據聯合國研究，預估 2050 年全球 60 歲以上的高齡人口的增加速度將是平均人口的 3 倍，以往在先進國家高齡化現象，也逐漸在新興國家中出現，特別是亞洲地區的高齡人口，將由 2005 年 3.7 億人增加至 2050 年的 12 億人，以美國為例，目前 Medicar（醫療保險）及 Medicaid（醫療補助）為醫療支出占比分別為 20% 及 15%，預估到 2030 年，兩者占比更將成長至 22% 及 18%。

據 CMS 統計，高齡化社會相關疾病，包含心血管疾病、高血壓、糖尿病、骨關節炎、阿茲海默症等疾病，是醫療費用的主要支出，未來台灣生物產業發展將不只是專注於新藥開發，生技和 ICT 產業結合也是重點之一「台灣：生技 + ICT ＝高階醫材、預防醫學及遠距醫療」，透過互聯網等技術加入，運用長期的醫療資料與醫材、照護服務結合，對長者提供長期照護。

台灣「長照法」將在 2017 年上路，面對高齡人口社會結構的改變，長期照護是政府未來十年不得不進行的大計畫。說起老人化商機，除了醫療以外還有老人看護、老人生活娛樂等，例如看護人員的培訓，老人的周邊商品，像是尿布、營養食品以及為老人規劃的旅遊、生活娛樂等，只要跟老人家有關的食、衣、住、行、育、樂等相關所需品，處處都是商機所在。

▌大數據商機

所謂大數據是指，無法在一定時間內用常規軟體工具對其內容進行抓取、管理和處理的數據集合。以百度資料為例，其新首頁導航每天需要提供的數據超過 1.5PB（1PB=1024TB），若將這些數據列印出來，規模將超過五千億張的 A4 紙，故名為大數據。

大數據類型多樣化，不只是文本形式，更多是圖片、視頻、音頻、地理位置等多類型的數據，而個性化數據占多數，數據處理遵循「1 秒定律」，可從各類型的數據中快速獲得高價值的信息。而大數據的運用就是商機所在。

首先，對大數據的處理分析，正成為新一代信息技術融合應用的重點，移動互聯網、物聯網、社交網路、數字家庭、電子商務是新一代信息技術的應用形態，這些應用不斷產生大數據，「雲端計算」為這些海量、多樣化的大數據提供存儲和運算平臺，通過對不同來源數據的管理、處理、分析與優化，將結果反饋到上述應用中，將創造出巨大的經濟和社會價值，舉例來說，一家網路服飾店，透過瀏覽和購買人數的數據分析，就可以掌握哪種款式、顏色及材質的衣服最受歡迎？此數據便可供日後設計生產者多朝這方向進行，進而大量減少成本的浪費和庫存壓力。

再者，透過大數據市場的分析，也可以找出社會發展下的「新技術、新產品、新服務、新業務型態」，例如一家電子廠商，透過上中下游客戶供應鏈，以及消費者在網絡上的喜好回饋，該廠商就可以調整他下一個產品的功能和款式，減少太多成本浪費和研發的錯誤時程，改變以前先將產品生產出來，透過業務員向客戶推銷的模式，轉變成為先透過大數據的分析，做出真正客戶想要的產品。簡單來說，這種一步到位的商業模式就是，讓各行各業的決策開始從「業務驅動」轉

變為「數據驅動」。舉例來說，一家國際型的品牌平價服飾店，透過紀錄來店的每一個客人，在 A 款式春裝前停留時間平均超過三十秒，贏過 B 款式春裝前停留時間少於十秒，因此，該品牌設計師就可以針對 A 款式服裝多加研究，包括衣服材質、色系、款式……，以利在規劃下一季服裝時，多朝這樣方向角度進行設計，這就是大數據分析所帶來的商機和機會，即「數據驅動」全球商業模式的改變，大大省下以往「業務驅動」的龐大人事成本開銷。

▌中產階級商機

全球人口持續朝大城市集中，雖然多數已開發國家人口成長放緩，但是多數開發中國家的人口成長速度仍然居高不下，相信未來十年，開發中國家將擁有龐大中產階級人口，這個族群也將成為全球主要消費力，所以，台灣未來十年的主要外貿市場絕對要朝開發中國家前進，像是中國和印度便是，中國 13 億人口若能順利從世界工廠轉型為世界市場，再加上印度 12 億人口成功接手轉型為世界工廠，兩個國家加總起來共有 25 億人，雙方若一起對外大量採買，應該足以撐起全球 1 ／ 2 的外貿市場了！

工研院表示，目前台灣外銷產業主攻歐美國家市場，但是以人口成長趨勢來看，未來新興國家的消費人口將會逐年大增，配合全球消費主力轉移，歐美高價產品市場及落後貧窮市場，兩者間將創造出一個優質平價市場，這是值得台灣產業多加關注的新市場與新商機。

▌無人車和虛擬實境

智慧車、無人車、擴增實境、虛擬實境、感測與體感晶片、智慧穿戴等，將大大改變未來的人類生活。

（1）無人車：先進駕駛輔助系統（ADAS）帶來的無人車世界，

將是人類技術一大突破，未來車子因為 ADAS 可以無人駕駛，進入一個全新的體驗，不但殘障人士在交通上不會是問題，甚至也將改變人類的都市生活，省去塞車困擾，目前全球每年花在汽車保險的支出高達 6,710 億美元，是全球半導體營收的一倍，如果未來汽車不會相撞，將可省下龐大的汽車保險支出。

（2）擴增實境（AR）與虛擬實境（VR）：雖然目前擴增實境 AR 和虛擬實境 VR 仍停留在遊戲、導覽等應用上，但日後絕對會有愈來愈多功能加入，台積電 AR 工程師認為，未來 AR 將成為人們日常生活必須工具，將會逐步取代個人電腦與智慧手機，成為人和人互動的重要載具，由此看來，「低頭族」未來也將會消失。

（3）物聯網（Internet of Things 縮寫 IoT）商機：物聯網是網際網路、傳統電信網等資訊承載體，讓所有能行使獨立功能的普通物體實作互聯互通的網路，在物聯網上，每個人都可以應用電子標籤將真實的物體上網聯結，透過物聯網，我們可用中心電腦對機器、裝置、人員進行集中管理、控制，也可以對家庭裝置、汽車進行遙控、搜尋位置、防止物品被盜等，這就類似自動化操控系統，舉例來說：政府可以透過收集資料，整合大數據和分析（某路段常發生車禍），在發現問題後（彎道設計不良……）進而重新設計道路，藉以減少車禍。又例如，以後家電、傢俱都智慧化後，要選今天晚宴的衣服，不用再從衣櫃一件件拿出來試穿，可以直接在衣櫃前的鏡子面板點選，然後馬上看到衣服穿在自己身上的感覺，喜歡就穿這件，不然再點選面板換別件試看看。還有，今天加班太晚，不用擔心回家來不及煮飯，手機一點，家裡電鍋馬上啟動煮飯；下班回家路上經過市場，見到手機傳來「冰箱沒雞蛋、沒青菜……」（智慧冰箱傳至主人手機）順便就將家裡缺的菜買回家；此外像是都市更新、災害預測與犯罪防治、流行病控制等，物聯網應用範圍可說非常廣，像是運輸和物流領域、健康醫療領域範

圍、智慧環境（家庭、辦公、工廠）領域、個人和社會領域等也是，隨著運用範圍廣泛，商機和市場也將隨之擴大。

物聯網（Internet of Things，縮寫 IOT）

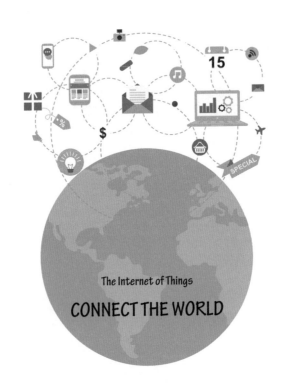

（4）智慧穿戴商機：這兩年，智慧穿戴裝置愈來愈多，像是 Google 的智慧眼鏡，蘋果、三星的智慧手環等，這些智慧穿戴裝置未來將逐步導入醫院監控上，各項醫療檢測和用藥等領域，將逐步取代醫院之前花費昂貴費用設立的檢驗設備上，再加上大數據的收集由高速運算系統提供分析，人類未來將可透過基因檢測，預測個人未來可

能發生的疾病，只是，不管任何形式的智慧穿戴裝置都少不了感測與體感晶片，而晶片正是台積電的強項。

 睿涵小叮嚀
四大商機主導全球經濟。

<hr />

註

* 1 「9034 現象」係指以生育率來推估，1990 年以後出生的女性，恐怕將有三成沒子女，
四成沒有孫子女。

NO.6 未來最具潛力的七大行業！

繼前文所論述，未來十年的全球四大商機後，也因為有許多大學生是我的節目「錢線百分百」的固定收視戶（感謝很多大學教授推薦……），大學生透過看節目，聽睿涵以簡單口語方式講解艱難且重要的財經知識，感謝這些認真的學生們，幾乎都成為錢線的鐵粉，網友常有這樣留言……例如：「胡主播您好：經常收看您的節目，非常喜愛您主持節目的解說，精闢且清楚！想請教您，我是初學者，若要在股市中不斷精進，除了民間補習班以外，平日還有哪些管道可以學習？！」

謝謝這些學生們的認真學習，所以我都會利用時間一一回覆每位觀眾的留言，台股市場就是需要年輕活水，見到有愈來愈多年輕學子成為節目的粉絲並且紛紛留言，也讓我對台灣經濟的未來燃起一絲希望！那麼既然孩子們關心經濟，關心未來，所以我們就要為他們點出方向，例如未來最具潛力的七大行業就是我想跟大家分享的部份，而這七大行業市場將會越來越大，人才只會更顯缺乏，日後只要有實力，這些行業將會成為「老闆搶著要你、薪水操之在己」的熱門工作。

▌雲端服務人才

《富比世》（Forbes）雜誌曾經報導過，全美現今有多達三百九十萬個工作與雲端運算是相關的，放眼全球，總計有一千八百二十多萬

份 IT 工作是仰賴雲端技術的，而且超過四成是來自中國。

如果想進入雲端這個產業，最好擁有電腦科學相關專業和網路架構經驗、Java、SOAP（Simple Object Access Protocol）及 AJAX（Asynchronous JavaScript and XML）等知識與技術。

物聯網人才

根據 Gartner 預測，直到 2020 年，全球物聯網裝置將達到二百六十億台，約可創造逾 3,000 億美元的營收（約合 9.8 兆新台幣），並且替全球經濟帶來 1.9 兆美元（約 62.5 兆新台幣）的附加價值。目前已經有近 30% 的跨國企業積極部署物聯網，這代表物聯網相關人才（例如工程師）將成為最夯的行業，這就跟 1990 年代網際網路工程師炙手可熱是一樣的。

全球性市場研究與諮詢機構 Strategy Analytics 分析師迪迪歐（Laura DiDio）便表示：「這是個新興舞台，保證著大量的就業機會。」

資料視覺化人才

因為各種資料的原型太大量且複雜，生硬又難懂，所以資料視覺化人才就像廚師一樣，透過如 Tableau、QlikView、Spotfire 等工具，把資料做成易讀性，轉換成各種視覺效果，幫助閱聽大眾吸收，於是，「資料視覺化」順勢是時下熱門的資料呈現方式，已經成為網站必備功能，說穿了，這是因大數據而浮現的新興行業。

除基本電腦能力外，「資料美學」也是必要的，對資料進行視覺化處理，打造使用者容易接受，喜歡並願意常互動的界面，是資料視覺化人才的工作內容。

▌電競播報員

　　以前打電動常被認為是浪費時間，是一種壞習慣，現在，打電動卻可能幫你賺大錢！隨著遊戲產業日益興盛，電子競技被拉升到和體育競技相等層次，荷蘭市場分析公司 Newzoo 指出，2015 年全球電競產值達 2.5 億美元（約 82 億元新台幣）包含贊助、線上廣告、媒體權利金及門票收入等，電競直播現場就跟所有的體育賽事一樣，需要專業主播及賽評，喜歡玩遊戲的人多，但成為職業選手的門檻卻不低，憑藉對遊戲的熱愛與了解人人都有機會當電競主播，只要打出個人品牌，月收入可望超過 10 萬元，已與企業裡的中高階主管相當。

▌有機農產品經紀人

　　因為全球慢慢步入老齡化，老年人口愈來愈多，既然活的老，就要活的健康，方才不會拖累他人，所以，人們對於食安的要求只會愈來愈講究，據統計，美國有機農業每年創造 310 億美元（約 1 兆新台幣）產值，全美國共有一萬七千六百萬個受認證的有機農場，也因為商機大，所以有機農產品經紀人變成一種肥缺，農民辛勤栽種作物收成後，有機農產品經紀人負責為買賣雙方提供仲介服務，幫助想吃健康好菜的人可以買到甚至吃到真正健康營養的食物。

　　只要有機農業風潮持續，除了有機農產品經紀人外，相關職務像是農場管理師或現場諮詢人員也會是熱門行業。

▌銀髮看護人才

　　台灣人口老化速度在全球名列前茅，目前全台灣已有 12% 的老年人口，不久後將來到 25%，相形之下，老人日間照護中心、老人養護中心、老人護理之家等機構的需求將會越來越大，進而帶動大量就業機會。

美國 TomorrowToday Global 公司趨勢學家柯德林頓（Graeme Codrington）表示，未來十年的人類平均壽命，每週將延長 1.5 天，老齡化人口絕對足以影響世界經濟，銀髮看護也因此成為最熱門工作選項之一，屆時，這個領域的人才需求將遠遠超過供給。

▌ 臨終規劃師

　　根據世界衛生組織 WHO 預測，2025 年時，全球將有 63% 的人類年紀是 65 歲以上，超過 100 歲者更不在少數，換言之，因應平均壽命不斷延長的「臨終規畫」（end of life planning）將變得更重要，筆者在此有一點要強調，臨終規畫師的服務對象並不限於亡者，像是 2016 年台視有一齣單元劇「遺憾拼圖」，劇情就是描述一位媽媽在參加摯友喪禮後，希望自己不要在臨終那一刻有遺憾，想說的話，想見的人都見不到，所以找了一家「公關公司」幫她辦一場「生前告別式」，而劇中這家公關公司，其實就是臨終規畫師的角色原型。

　　臨終規畫師可以協助民眾簽訂生前契約或做生前喪葬規畫，並且提供臨終者及家屬有關臨終醫療資訊、臨終關懷實務指導、臨終流程及注意事項諮詢等。總之，人口老化趨勢已是確定的事實，未來，臨終規畫師的人才需求只會越來越多。

 睿涵小叮嚀
薪水掌控在我推薦的七大行業裡。

識財經 009

錢難賺，股票別亂買

作　　者——胡睿涵
封面攝影——石吉弘
封面設計——徐思文
設計繪圖——李宜芝
主　　編——林憶純
行銷企劃——許文薰
董 事 長
　　　　——趙政岷
總 經 理
第五編輯部總監——梁芳春
出 版 者——時報文化出版企業股份有限公司
　　　　　　10803台北市和平西路三段240號七樓
　　　　　　發行專線／（02）2306-6842
　　　　　　讀者服務專線／0800-231-705、（02）2304-7103
　　　　　　讀者服務傳真／（02）2304-6858
　　　　　　郵撥／1934-4724時報文化出版公司
　　　　　　信箱／台北郵政79～99信箱
時報悅讀網——www.readingtimes.com.tw
電子郵箱——history@readingtimes.com.tw
法律顧問——理律法律事務所 陳長文律師、李念祖律師
印　　刷——和楹印刷股份有限公司
初版一刷——2016年9月
定　　價——新台幣320元
（缺頁或破損的書，請寄回更換）

時報文化出版公司成立於一九七五年，
並於一九九九年股票上櫃公開發行，於二〇〇八年脫離中時集團非屬旺中，
以「尊重智慧與創意的文化事業」為信念。

國家圖書館出版品預行編目資料

錢難賺，股票別亂買／胡睿涵作. 初版. -- 臺北市：時報文化, 2016.09 176面；17*23公分	
978-957-13-6720-0(平裝)	
1.股票投資　2.證券市場　3.臺灣	
563.53	105011589

ISBN 978-957-13-6720-0
Printed in Taiwan